心の青空のとりもどし方

心の青空のとりもどし方

加藤久雄

海鳴社

もくじ

プロローグ

夏休みのある朝。

やかましい草刈り機の音が響く。

僕は、水路の脇にある畑で、伸び放題になった草を刈っていた。

幅1・5メートル、深さ2メートルの水路には満々たる水が急流となって流れ、僕が刈り払った岸辺の草は、あっという間に流れ去っていった。

その時、ただならぬ音が耳に飛び込んできた。

「ウッ、ウワーオ、ゲフッ」

(何!?)

反射的にそちらを見る。

「ネ、ネコだ。ネコが流されている!」

白地に黒のブチの入ったネコが濁流にもがきながら流れていた。一瞬長い草刈り機を伸ばそうとしたが、とても止められないとわかり、草刈り機を投げ捨て、岸を走った。

のろまげな長靴の音がバフバフと耳障りだった。

叫びながら走ってくる僕の様子に気づいた嫁さんが、走りながら、「これを」とトマトの支柱を渡してくれたが、そんな細いものではとてもネコを止められなかった。

走る。走る。

ネコは滝のようになった高い段差を越え、ぐるぐる周りながら、流れていく。もう少しで追いつく、と思った瞬間、水路は道の下に潜り込んだ。先回りしようと、水路の出口、井野川との合流点の橋に向かって走った。しかしその橋までは、近道がなくかなりの遠回りだ。

(間に合え、間に合え、間に合って！) 心の中で叫びながら、橋を目指した。高い橋のたもとには、水路の出口に降りる手すりがあった。(そこにぶら下がり、ネコを受け止めよう) そう思って構えたが、濁流がごうごうと吐き出されるだけでいつまでたってもネコは来ない。(まさか！) 急いで橋に登って、川面に目をこらした。

(あっ。)

いた！　遥か遠くに白い点が見えた。しかし、もうただゆらゆらと流れに合わせて揺れているだけのものだった。もはや、意志を持った生き物としての動きはなかった。

(助けられなかった。どうして、もっと早くに気づかなかったのか。昔の自分なら、見つけた瞬間飛び込んで、つかんで岸に投げ上げたかもしれない。前に水路に飛び込んで、子供を助けたじゃないか、なぜ体が動かなかったんだ。いやもしかしたら、遠くで岸について奇跡的に息を吹き返したかもしれない。ばかな、そんなことあるわけないだろ。今から、車を飛ばして、さらに下流にいってみるか。いや、そんなこと無駄だ。この後、学校に行かなくちゃ。どうする。）ネコを助けられなかった後悔、自分の行為を正当化する心、自分自身に対する情けなさ……。僕の頭の中のおしゃべりは尽きることがなかった。

その日の午後、小学校に出勤した後、ガソリンスタンドに寄って車を洗った。

待合室で、自分の車がきれいになるのをぼんやり見ていたら、ふわ、ふわっと何かが目の前に飛んできて、窓枠にとまった。黒い羽、緑に光る体のハグロトンボだった。僕の目の前で何度も何度も羽を閉じたり開いたりしていた。

昔、祖母から聞いたことがある。「久雄、おはぐろとんぼはなあ、死んだ者の魂を運ぶんだと。」（ああ、あのネコが知らせに来てくれたんだなあ。ごめんな。助けてやれなかったよ。）

あの時のネコの必死の形相が、僕に助けを求めているのではなく、届くはずもない岸に向かって精一杯泳いでいる形相が、心に焼きついてしまった。

僕の心は重く重く沈んでいた。その日一日何をしても心のトゲが痛かった。

その翌日。

僕は軽井沢にいた。

バイク好きの従兄弟、ターちゃんがずっと前に教えてくれた。

「軽井沢にいい感じの喫茶店があるんだよ。町からはだいぶ離れているけど、ちゃおちゃんなら絶対気に入るよ。電気がついていたらやってるから。」

「電気がついていたら、やってる?」

(当たり前じゃん)と思った。普段明晰な話し方をする従兄弟がそんなアバウトな言い方をするのが妙におかしかった。何だか気になって早速嫁さんと行ってみた。

旧軽メインストリートのにぎわいからはおよそ離れた、静かな道沿いにその喫茶店はあった。森にできた沼のほとりで、まるで外にいるような開放感と自然に抱かれている安心感を感じる店だった。そこで飲むコーヒーは絶品で、いっぺんでとりこになった。それ以来、ふと思い出しては訪ねていく。

営業中には、鉄製の黒い支柱からポチッと飛び出た裸電球に明かりが灯っている。

確かに「電気がついていたらやっている」としか言いようのない状態で、初めて見たときはターちゃんの言葉を思い出して、げらげらと笑った。

一面すべてガラス戸で、今日は天気が良いので窓はすべて戸袋に収納され、外と中の区別がつかない。みんな座って会話も忘れて、外を眺めている。

ホオノキが木漏れ日を送り込み、下から見る大きな葉は輝くような黄緑色に揺れている。葉が重なったところが陰になり、美しいアクセントになっている。

深呼吸をすると肺まで、緑に輝きそうだ。

「うーん。幸せだあ。」

「ほんと。生き返るね。これで、この後アウトレットで買い物できたら、もう最高の夏休み」

嫁さんが言う。「お前なあ、そこかよ」などとは言わない。鷹揚にうなずいて笑みなど返す。心に余裕があるから。

森の歌の名手、クロツグミが鳴いている。それが木々にこだまして、心が震えてくる。

そこへ、極上のコーヒーが運ばれてくる。いい匂い。幸せな気持ちがあふれてくる。一口すすって、

「うまいなあ」

「うーん。染みるねえ」

テンションは上がり、それでいて穏やかで「今」に集中できている。コヒーレンス状態になっている。ＨＲＶ測定器で測ったら、今は、心が全部グリーン（測定器は良い状態になると緑のライトが点く機械なのだ）になっているだろうなあと思う。

温かな優しい気持ちがあふれ出して、誰のジョークにもウケて、気持ち良く笑い、すべてが楽しく、美味しく感じる。

砂糖が本当に苦手で、普段なら絶対頼まない白玉ぜんざいを調子に乗ってオーダーする。

「ちょっとお、やめといたら。後悔するよ」

「いや。大丈夫。食べたいんだよ」

「じゃ、食べられなかったら、私がもらうからね」

素敵な器に盛られた白玉ぜんざいがくる。かわいらしい白玉に甘さをひかえた上品なあんこが乗っている。塩で炊いた小豆、ごま、黒蜜が小鉢に入れられ、お好みでどうぞということらしい。黒蜜はちょっと入れる度胸がなかったけれど、あとは全部入れてかき回して、口に放り込んだ。

嫁さんが探るような顔をしている。

「うまーい！」

意地を張ってではなく、本当にうまい。優しい甘さと塩小豆の刺激とチュルンもちもちという白玉の食感が絶妙のバランスだ。さらに幸せな気持ちになる。結局、嫁さんにはほとんどやらずに完食。これは、いつもの僕を知っている人にとっては驚くべきことである。

心がこんな状態でいるときには、「苦手」というものがなくなるのかもしれない。心地よい時間が過ぎていく。

さらに森からのクロツグミの歌声に、ホイフィーリ、ホイフィーロロと、キビタキの声が重なる。満ち足りた一日。

ただレジの近くの小さなネコの置物に気がついた時、僕の心はひりっと痛んだ。

でも、すぐにそれは目の前の幸せな時間に飲み込まれた。

こんな二日間があった。

僕はただ僕のままだ。しかし、目の前の出来事によって心はここまで乱高下する。

ずっと幸せな心のままでいたいと思うけれど、一晩寝て起きたら、もう変わってしまう。ころころころころ、ボールのようにちょっとの刺激であちらこちらに動く。慌ただしい朝、テレビの星座占いで「水瓶座、最下位」なんて、聞こえてきただけで、ガックリくる。

そして、新しい一日に嫌なことが起こり、辛くてもうだめだと思って帰宅するけれど、次の日の朝、目の前を野生のアナグマが通っていっただけで、また妙に元気が湧いてくる。（アナグマはあまり一般的でないけど、この間、そんなことがあったから……）

僕は人からセラピストと呼ばれる。心の専門家ということになっている。でも、そんな僕の心も日々こんなに揺れ動く。そしてさらに、昨日と今日は全く関係ない一日ではなく、自分の心を通して微妙につながっている。僕は幸せな時間の中でも、自分が助けられなかったネコのことや自分のふがいなさを忘れていない。

心とは、一体なんなのだろう。

三十年以上も小学校の教員兼セラピストをやってきて、ようやく分かったことがいくつかある。心や命には、どうにも人の手が届かない得体のしれないところがあるものだということ。だからこそ、そこには人間の計算を超えた大きな可能性があるのだろう。

そして、もう一つ。

すべての人の心の奥底には「立ち直る力」、つまり、あなただけの青空があるということ。何千人ものセッションの中で、僕はそれを確信している。

人は、みんな、その心に本物の青空を持って生まれてくる。そして、人生のいろんな経験を経て、時には、青空がなくなったように思う。黒い雲、とどろく雷鳴。叩きつける雨。しかしその上には、いつも青空が広がっている。

人の心とは、たとえではなく僕たちが今見上げている空と同じものなのではないか、という気がしてくる。

黒い雲が湧くのは、しかたない。生きているなら当然だと思う。いやな事が起こらない人生なんて、あるわけがない。雨も降ってくれないと、命は育まれない。

雲が湧いてもしょうがない。でも、湧いたら流してしまおう。

流せば、ほらまた、あの青い空が戻ってくる。

だって、人の心は、生まれながらにして青空だから。

これからお話するのは、その人と一緒にうまく黒い雲を流したり、失敗したりしながらすべての人の心の中に青空があると、僕が確信するようになった物語ということになる。

一　「音」で青空をとりもどす

ライアーとの出会い

（やられたなあ〜）

涙が止まらない。まいった。明るくなるまでに早くふかないと。

千尋の髪飾りがきらっと光ったあたりからもう、だめだった。宮崎駿監督の「千と千尋の神隠し」を見終わった。いい年してなんだけど、次々に頬を伝う涙は、まるで手のかかった子ども達が卒業していく、自分の学校の卒業式のようだった。

そして、エンドロール。こんな名作を紡ぎだしてくださったありがたい皆さんの名前が流れていく画面が目に入らなくなってしまった。その理由は涙だけではない。その時、僕の心は深い深いところまで入り込んでくる、ある音に魅了されていた。

主題曲の「いつも何度でも」に流れる、木村弓さんの透き通る美しい声をサポートする不思議な音色の楽器。ハープのような音だけど、それよりずっと控えめな、それでいて一音一音が玉のように響いて聞こえてくる音。その一音の響きの深さに驚いた。

なんというか一音一音でくすんだ心が掃き清められていく感じがした。ずっと描いてきた心の青空のジグソーパズル。そのワンピースを発見したと思った。

（これは、なんという楽器なんだろう）

あたふたと家に帰ってすぐに調べた。その楽器名は「ライアー」だった。

（えっ。これ、ライアーだったんだ）

ライアーなら記憶の中にあった。

昔、僕の親友が弾いてくれたことがある。彼女は、大学卒業後、シュタイナー教育を身につけるべく、スイスのドルナッハに渡った。時折帰って来て、連絡をくれた。僕は嫁さんと一緒に彼女の家に行き、よく土産話を聞かせてもらった。その時、木製の不思議な曲線で描かれた小さな竪琴を見せてもらった。

「加藤くん、これ、ライアーというの」

「ハープみたいなもの？」

「うーん、ちょっと違うけど、だいだいそんなもの」

心優しい友は、僕の粗末な音楽の知識と経験では、短時間で理解できないと一瞬で判断し、ライアーの妙味を説明するのをあきらめて微笑んだ。

「ちょっと弾いてみてよ」

彼女はうなずいて、赤ちゃんを抱っこするように楽器を膝に抱いて、ポロロン、ポロンと奏でてくれた。知らない曲だったけど、とにかく音が小さくて優しい、ただそれだけの印象だった。愛おしそうにそっと弦の響きを掌で止めて、彼女がいった。

「これは、すごい楽器なの」

その時、僕にはその「すごさ」はよく分からなかった。ただ、中学校時代、生きるのがあまり器用ではなかった親友が、今や自分の本当にやりたかった道を見つけて生き生きしている、そのうれしさだけが残っていた。

僕が「千と千尋の神隠し」に出会った頃は、親友は日本に帰国し、葉山で日本最初のシュタイナー学校を作るために奔走していた。

（自分のセラピーにライアーを取り入れたい！）そう強く思った僕は、彼女に連絡をして、ライアー奏者の吉良創さんを紹介してもらった。

吉良さんは、グンドルフ・クーン工房のライアーの魅力を訥々と語った後、

「ある人が庭でライアーを練習していて、ふっと顔を上げたら、野生のシカが３頭　聞きに来ていたんだよ」

と僕の一番弱い所を突いてきた。まいった。僕はこうした話がたまらなく好きなのだ。自然と人がどうしたら良い形でつながれるのか、そのヒントをもらえる話には飛び上がって喜んでしまう。

もう居ても立ってもいられなくなった僕は、

「買います。すぐ発注してください」

と即決した。

全国のセールスに携わる皆さん、僕に物を買わそうとしたら、これです。

「お客様、この新車は、このモードに入れて頂くと、野生のシカが寄ってきます」

「買います！」

「お客様、この家は、このスイッチを押して頂くとツバメが毎年巣をかけます」

「売ってください！」

「お客様、当店のクラゲの冷菜を召し上がっていただくとウミガメが近づいて……」

「それ、お願いします」

きっとそうなる。もう本当に、そういう話をされるとだめなのだ。

しかしライアーは決して安くない。かなり高額の買い物だ。

嫁さんには、できるだけ刺激を少なく、さり気なく
「あ、ライアー買ったよ」

と話した。たぶん目が泳いでいたと思う。

「はいはい、どうぞ」

と笑顔で言ってくださる。ありがたい。

長年の経験で、もうあきらめているらしい。調子に乗った僕が、やがてライアーを二台、三台と増やしていくとも知らずに、どこまでもにこやかだった。

吉良さんの言ったことは本当だった。山小屋「どんぐり亭」のウッドデッキでライアーを弾いていると、小鳥や虫が寄ってくることがある。日本最小のキツツキ・コゲラや、シジュウカラ、ヒヨドリ、ミヤマクワガタやルリボシカミキリ、アキアカネなど、すぐ横や、時にはライアーの上にとまったこともあった。ノウサギやキツネが来たこともある。

夏はカやアブもやって来るが、それはきっと違う理由だと思う。

偶然だ、という人もいるかも知れないけれど、僕はすっかり信じている。

この楽器の音は、風の音のように自然界と調和をする音なのだと思う。だから、警戒心の強い野生の生き物の心の奥まですっと入り込んでいくのではないか。人間関係の中で疲れ果てた閉ざされた心のバリアーをすっと超えていけるのではないか。そんなことを思わせる音なのだ。

僕が発注したライアーは、三ヶ月後、ドイツのグンドルフ・クーン工房からはるばる海を越えてやってきた。楽器が傷つかないように厳重に包装されている。包装を開く手がもどかしかった。

現れたのは、白木の木目が美しいライアーだった。樹齢二百年を超えるカエデの木で作られたそうだ。多くの弦楽器に見られるようなシンメトリー（左右対称）ではなく、実に独特な形をしている。形容するのが難しいのだが丸みを帯びていて抱いていると安心するような形である。

膝に乗せて、

（よーし。）

と気合いを入れて、弦を弾いた。

「ビィイイーン」

嫌な音がした。力の入れすぎである。深呼吸をして、教本に書いてあったことを思い出す。ライアーは爪弾くのではなく、いったん、弦を押し込んで、となりの弦に指をもたれかからせる。あんたは最初気合い入れすぎて、よく失敗するよね。落ち着いて。落ち着いて。そうそう。逃げやしないから。

そっと押し込んで、隣の弦へ。

「ポーン」

今度はきれいな音が出た。

（うわぉ、これかあ）

小さいけれど通る音。指先や楽器を支える腕に振動が伝わってくる。これまで録音で聞いていたライアーの音とはかなりと違う印象だった。当たり前だけど、音が生きている感じがする。ゆっくり消えていく音をじっくり味わう。消えてからの余韻も楽しむ。

次は、一本の指で低音から高音まで一気に弾いてみる。グリッサンドという技法だ。たちまち、空間に音の虹が現れては、消えた。そして音が消えた後に何かが生まれる感じなのだ。

「う〜ん。いいなあ」

しばらく弾いてから、ぎゅっと抱きしめて、

「これから、よろしくね」

と声をかけて、丁寧に磨いてケースにしまった。

イサムくんのセラピー

僕は、無謀にもその翌週からセラピーのセッションにライアーを使い始めた。

自然界の音は大好きだけど、音楽の授業はとても苦手で、楽譜もろくに読めない。子供時代リコーダーも吹けなくて、担任の先生に放課後よく残された。

四年生の時には、好きだった女の子に誘われて断れず、4人グループで、ミニ音楽会に出たけれど、担当した大ダイコの音が元気良すぎ、なおかつ、大きくずれていて、途中退場させられた実績がある。

そんな僕なので、セッションで楽曲をスラスラと弾き、相談者にライアーを聞かせてやるなんてことはできない。

でも、自分がライアーの音から味わった感じは本物だった。あれを伝えられたら、きっと相談者の黒い雲を晴らすための力になると思った。

今日の五時からのセッションは他市からお母さんに連れられてやってきた小学校三年生の男の子、イサムくん。発達障害が疑われる子で、学級の中で友達や先生の小さな刺激ですぐにキレてしまい、暴力を振ってしまう。今日が二回目のセッションである。

一回目の時は、小学校のカウンセリングルームをドタドタと駆け回り、あちらこちらにある物に手を出し、じっと話を聞くことができなかった。こりゃだめか、と思って武術由来の体に働きかけるセラピーに切り替えたら、後半は落ち着いて、おもしろがって取り組んだ。

約束の五時になった。バタバタと廊下を走る音がする。

（きた、きた）

ライアーの箱は机の下に隠した。

「ガラガラガラ、ガン」すさまじい勢いで扉が開いて、イサムくんが飛び込んできた。

「せんせーっ」

「よう、しばらく。元気だったかい？」

イサムくんはそれには答えず、机の上にある太陽光でふわふわ動く双葉のインテリアを突っつく。

僕の足下をのぞき込んで、すぐにライアーの箱を見つけ出した。

（何て勘の良い子なんだろう）

「せんせ、これ何、何これ」

今度は僕がそれには答えず、ライアーを机の上に置き、ゆっくりと箱を開く。

中から、不思議な形の楽器が出てくる。だまったまま、取り上げて、膝に乗せ指を構える。イサムくんは呼吸を止めて、じっと見ている。僕は、ゆっくり指を押し込んで、隣りの弦に向かって、指の腹をすべらせた。

「ポーン」

一音がライアーから飛び立った。決して大きな音ではないけれど、存在感のある玉のような音だった。イサムくんの目がキランと光った。僕は笑いをこらえながら、人差し指で低音から高音まで一気に指をすべらせた。

「トゥルルルルルー」

と気持ちの良い音がして、消えた。しばしの沈黙。

「これ何？」

「これはねえ、ライアーという楽器だよ。触ってみたい？」

「うん！」

「はい、どうぞ」

ライアーをイサムくんの体に押しつけると、彼は、両手で抱え込み、すぐに鳴らし始めた。グリッサンドが気に入ったようで、何度も低音から高音へ、高音から低音へと弾いていている。めちゃくちゃだが、けっこう良い音がしている。

次に一音、一音を出して、音を確かめ始めた。

そのうち、ライアーの胴体を体に押しつけながら、弾いて、

「あっ、振動している」

と言った。時々、妙に大人っぽい言葉を使うことがある。

「うん。よく見つけたね。震えているだろ。それが体に響いてくるだろ?」

そのうち、今度は、音を出してから、自分の耳をライアーの胴体に押し当てたり、僕の背中にくっつけてみたりしている。

やがて、何を思ったのかライアーに向かって叫びだした。

グンドルフ・クーン工房のライアーは、共鳴箱が閉じていなくて、袋のような形をしている。その袋の底に向かって「わあ」「おーい」とかやっている。

そして、ライアーのような小さな声でつぶやいた。

「鳴ってる!」

なんとイサムくんの大声に弦が共鳴して、かすかに鳴りだしたのだ。

「すげえ。手を使わなくても、鳴ってる」

イサムくんは興奮気味だ。

(何だかよくわかんないけど、この子、すごい!) そう思った。

僕も大人だし、一応学校の先生だし、共鳴現象ぐらい知っているが、それは知識として知っているだけだ。しかし、この子は、ライアーをいじくり回して、自分でそれを見つけ出した。手を使わずに、

ライアーを響かせるなんて、せっかく職人さんが作ってくれたワイングラスを共鳴現象を使って声で割るような芸当より、ずっと美しい。

何だか僕はワクワクしてきた。

「あのね、先生の知り合いのライアーの先生が、言ってたんだけど、これを弾くと、野生のシカが寄ってくるんだって。だから、鳥とかも寄ってくるかも知れないな」

そう言った瞬間、彼はライアーをつかんで、ベランダに飛び出していった。そして空に向かって、ライアーを掲げ、

「オラー」

と言って、ビンビン耳障りな音を立てて弾き始めた。

さっき彼が見つけた美しい共鳴現象にちょっと疑いの気持ちが入った。

(あわてて、感動しすぎたかも……)

「優しく鳥に話しかけるように弾くと来るかもね」

と言うと、すぐに力を抜いて、良い音を出し始めた。

なんとその時、イサムくんの目の前すれすれをムクドリが飛んできた。

「うああ、来た。鳥が来たあ～」

イサムくんは大喜びだ。

(うーん。ちょっと偶然っぽいなあ) と僕は思ったけど、黙っておいた。

しばらくして彼は、鳥も来ないのでライアーにも飽きたようで、両手で僕に差し出してきた。僕は、彼に見せるようにわざとゆっくり丁寧に箱にしまった。

おもしろいことにその後、イサムくんの心の何かが変わったようだった。

言葉にするのは、ちょっと難しいが、二人がつながったというか、彼の心の扉の鍵があいたというか、そんな感じだ。二人の間の微妙な緊張感が消えた。

「先生、オレ、校長先生が大嫌いなんだ」

「ふぅん。校長先生が嫌いなんだね。どうして？」

「うそつきだから」

イサムくんは目が三角になった。

「校長先生がうそつきなの？」

「だって、イサムくん、校長先生はね、きみが大切です。いつもきみの味方になるから、何でも話してください。っていうから、話したら、きみは間違えていないからとか、かっこいいこと言って、お母さんには、コウちゃんのお母さんとコウちゃんにあやまれっていったって、お母さんが言ってた。うそつきだ。ちっとも味方じゃないし」

実際に何があったかは、彼の話だけではよく分からない。同じクラスのコウちゃんに悪口を言われたと思ったイサムくんは、コウちゃんをキックして、たたいてしまったらしい。そして、それを校長先生が指導したということは分かった。しかし、二人の間に心のボタンのかけちがいがあって、イサムくんの学校の校長先生が意図したとおりにはならなかったということか。

「それで、あやまったんかい？」

「うん。お母さんとコウちゃん家にいって、あやまった。で、車の中で、お母さんが泣いた」

イサムくんはとても厳しい目をした。

「なあ、イサムくん。なんで、お母さんが泣いたかわかる？」

「オレが悪い子だから」

「いや、違うと思うよ。きみのことが大好きだからだよ」

「え」

「大好きなきみがコウちゃんに迷惑をかけたことが悲しかったんだ」

「……」

「校長先生だって、コウちゃんに悪口を言われて怒る気持ちはわかる、間違えていないと言ってくれたんじゃないかなあ。加藤先生だって、イサムくんの気持ちわかるよ。自分がイサムくんだったら怒ったと思うよ」

「……」

「だから、校長先生も許してやったら？」

「嫌いな人が一人増えるっていうことは、真っ黒い雲が心の中にまた一つできちゃうってことだ」

僕は黙って、またゆっくりライアーを箱から取り出してイサムくんの前に置いた。彼は、一音ずつポーン、ポーンと確かめるように音を出していた。

「うーん。うーん。やっぱり許せない」

「そっかあ」

「……。先生、じゃ一回だけ校長室のドアをけっていい？」

すごい決着のつけ方だけど、彼なりにこのことを何とか解決しようとしているのはよく分かった。

新採用教員時代お世話になった、今は亡き懐かしい校長先生の声がふっと心をよぎる。「加藤先生、この学校にあるガラス一枚、砂粒一つ、みんな子供たちを育てるためにあるんだよ。先生が私に謝る必要なんてないよ。子供が育てばいい。ケガがなくて良かった。」当時担任していたクラスの子がほうきを振り回して、ガラスを割って、校長室に謝りに行った時のことだった。頭を下げる僕に、校長先生はそう言った。

（うーん。校長先生、これってそういう事ですか……うーん。ま、そういう事か）

「よし！分かった。蹴っていい」

僕にそんな権限などないのだが、思わず言ってしまった。

後日、彼からの報告を聞いた。校長室のドアを本当にけったらしい。中に校長先生がいたかどうかはわからなかったそうだ。それですっきりして、「もう許せる」と言った。

彼とはその後、三回のセッションをしたが、徐々に変わっていった。言葉の通りがよくなって、感情が彼なりにコントロールできるようになっていった。カッとなるのはなくならないが、カッとしたり、イライラしたら、その場から離れて廊下の給食ワゴンプールにもぐって落ち着いてから、出てくるようになったそうだ。自分自身でクールダウンする方法を見つけたらしい。

そういう訳で、クラスの子ども達とのトラブルは大幅に減った。

最後のセッションの後、イサムくんの担任から連絡が入った。学年が変わり、新しいクラスになったイサムくんは、先生たちが驚くほど落ち着いているという。良かったね、イサムくん。良い子になったのはうれしいけど、あなたのその個性的で素敵な感受性はなくしちゃだめだよ。

校長室のドアを蹴っ飛ばして、走り去ったイサムくんの姿が浮かんで、クスッと笑った。

その報告を受けて、彼のセッションは終了した。

イサムくんのセッションには、ライアー以外にいろいろなセラピーを使ったが、やはりライアーが果たした役割は大きいと思っている。

彼のおかげで、僕はセラピーとしての音の持つ可能性に気づくことができた。

音というのは、直接人の心の深いところに入っていける。その時、言葉を一緒に使うと、その言葉まで音につられて、人の心のブロックをかいくぐり、深いところに届くのではないだろうか。

だったら、美しい音にのせて、温かい言葉を届けたい。風のようなさりげない音にのせて、生きていく勇気を届けたい。

イサムくんのような子たちが自分の良さに気づくようなセラピーを行いたい。

ミユキちゃんのセラピー

ミユキちゃんは、中学二年生。クラスの女子同士を中心とするＬＩＮＥを使った人間関係の中で、深く傷つき、不登校になった。インターネットの世界では、饒舌らしいが、現実世界のコミュニケーションは苦手だ。選択性緘黙というほどではないだろうが、自分の気持ちを聞かれても、それを説明することは彼女にとっては大変そうだ。セラピーの時もあまり話さない。首を縦に振ったり、横に振ったりして意思表示をすることが多い。

お母さんが僕にミユキちゃんの様子を時々メールしてくる。それが、ミユキちゃんに関する主たる情報源になっている。ただし、それはお母さんの側から見たミユキちゃんの姿で、彼女には別の思いがあるかも知れないので、取り扱いは要注意だ。

今日は三回目のセッションだ。本人のダメージが強く、いきなりＬＩＮＥのことから入れなさそうだったので、昔の辛かった思い出とか、不登校になってから見ているいやな夢に取り組むセッションをしてきた。

カウンセリングルームのドアが、遠慮がちにノックされる。

「どうぞ」

そっとドアが半分ほど開いて、お母さんとその陰に隠れるようにミユキちゃんがいた。

「ああ、ミユキちゃん。しばらくでした。入って」

自分が一緒だと、ミユキちゃんが嫌がるというので、お母さんはいつも外で待っている。

「まだ、いやな夢とか見る?」

首を振る。

「良かった。いやな夢はなくなってきたんだね。じゃ、この前のセラピーで、ミユキちゃんが頑張ったかいがあったね」

うなずく。

「今日は、LINEでいやな目に合ったことを乗り越えるんだったっけ」

うなずく。

「じゃ、始めようか。やって大丈夫かい?ミユキちゃんが嫌だったらすぐに止めるから、心配ないよ。それはいつも君が決めることができるよ」

そう話してトラウマ処理のセラピーを三十分ほど行った。セラピーの後で様子を聞くと、そのことを思い出しても、いやな感じが「もうあんまりない」と言った。

そこで、ライアーの箱を取り出した。

「ミユキちゃん、これ、何だかわかる?　ライアーっていう楽器なんだけど、不思議な音がするんだよ。ちょっと弾いてみてもいいよ。」

ミユキちゃんにライアーを押しつけて、持たせた。この時、ミユキちゃんに持たせたのは子供用に使うシンギングハンズ・ライアーといって、片手で持つ小さなライアーだ。天使の羽のような形をしている。ペンタトニック（五音）でできていて、レミソラシレミという順で7本の弦が配置されている。

「めちゃくちゃに、好きに弾いてごらん。でたらめに弾いても、ちゃんと曲になるらしいよ。」

ちょっと迷惑そうな顔をしてミユキちゃんは、恐る恐る弾き始めた。

「ポーン」

といきなり良い音が飛び出た。弦を押し込んでから、指を隣の弦にすべらせるんだと教えようとしたけれど、その必要はなかった。

「ポーン、ポーン」

次々に玉のような音が生まれてくる。

「うまいなあ。ミユキちゃん。いい音だ」

そういうと、今日初めてふふっと笑った。

「続けて、弾いてごらん。曲になるよ」

ミユキちゃんは次々と音を出した。少し物悲しい、懐かしいような子守唄に聞こえてくる。

「すごいよ。名曲だ」

ミユキちゃんは、緩急をつけ、弦を弾き続けた。驚いた。ちゃんと曲になっている。

彼女が何かぶつぶつ言っている。耳を近づけてみた。

「ヤバイ、ヤバイ、ヤバイ……鳥肌立った」

ミユキちゃんは、演奏している間、その言葉を言い続けた。青白かった彼女の顔はすっかり紅潮し、うっすらと汗がにじんでいた。

今日のセラピーの終わりに話をした。

「ミユキちゃん、このライアーはね、遠い外国、ドイツで作られたんだよ。ドイツの森で育った二百歳の樹で作られたんだ。それを何か月もかかって職人さんが心を込めて仕上げてくれて、はるばる海を渡ってやってきた。そして、それが今、君の手の中にあって、一生にたった一度しか聞くことができない曲を君が作り出して演奏している。こんなちっちゃな楽器にもそんな物語があるんだよ。世界は広いよ。今、君が見ている世界だけがすべてじゃない。君の知らない世界が、この世の中にはまだまだあるんだ。

先生は、君に学校に行ってもらいたいと思って、こんなことをやっているんじゃないんだ。そりゃ、学校に行ければ、いいよね。でも本当に大切なことは、小さなクラスのＬＩＮＥの世界だけでなく、君にはもっと広い世界がたくさんたくさんあるってことだ。家庭の世界、部活の世界、君が通っていた塾の世界。大好きだっていってた、おばあちゃん家の世界、君が望めば、このライアーの樹が育ったドイツの世界……まだまだいっぱいあるんだよ」

（ちょっと語りすぎかなあ～）

でも翌日、ミユキちゃんのお母さんからメールが入った。

「先生、ミユキが今日、学校に行きました。本当にありがとうございます。うれしくて、あの子を送りながら、泣けてきました。これからもいろいろあると思いますが、今はこのことを喜びたいと思います。本当にありがとうございました。今後ともどうかよろしくお願いします」

どんぐり亭のライアー

イサムくん、ミユキちゃん、二人のセッションは、家庭の事情で放課後の学校で行った。しかし、僕のセラピーの半分は、どんぐり亭で行われている。僕の本を初めて手に取ってくださった方のために、自然学舎「どんぐり亭」についてちょっと紹介をしておきたい。

どんぐり亭は、群馬の森の中に建つ山小屋だ。広い雑木林と広い無農薬野菜の畑の境目にある。学生時代からアフリカ、アマゾン、北極……と世界中の自然に出会う旅をしてきた。最終的にそこで分かったことは、珍しい世界の自然だけでなく、もっと身近な日本の自然から教えてもらえることがたくさんあるということ。生きる元気がもらえるということ。人として生きていく指針を見つけ出せるということ。

そこで群馬県東吾妻町の森の中に山小屋を作った。たくさんの素敵な、そして個性的な人たちが力を貸してくれ、二〇〇〇年に開設した。そこで不登校の子や集団に適応するのが難しい子、そして、子育てに苦悩する親たちのカウンセリングを行い、自然派セラピーを使って心の青空を取り戻す活動

どんぐり亭のライアー

をしている。

これまで、二〇〇〇人を超える人たちが訪れてくれ、一緒に良い時間を過ごしてきた。

平日の小学校の先生の仕事が終わると、週末、ここに出かけてセラピーを行っている。

このどんぐり亭とライアーの相性はとても良い。

どんぐり亭ができたての頃に、突然、不思議なピアニストがやってきて、

「ここは、気が良いから吹いてあげるね」

と言って、笙《しょう》という雅楽で使う楽器を吹いてくれたことがあった。笙の音がどんぐり亭の柱や壁に染みこみ、溢れて響き、どんぐり亭ごと奈良時代に本当にタイムスリップしたような気がした。なんだかぞくぞくするほど神秘的な感覚だった。

ライアーはそれに似た感じがある。建物そのものが楽器になって、ライアーの音を家中に響かせてくれる。決して大きな音ではない。とにかくすみずみまで響くのだ。

そのせいなのか、僕のへたな演奏、それも「ぞうさん」でも心打たれ泣き出す人がいるのだ。そうなると、音楽にコンプレックスを持っている僕は、相当いい気になり、「オレってすごいでしょう、楽器でこんなことできちゃうんだよ」みたいな気配が出てくる。そして結局、相談者が帰るころになってセッションが失敗していたことに気づく。

だめなんだよ。これは。

小学校のリコーダーで挫折しているような僕が、楽器について語ること自体が失礼極まりないけれど、そして、ほかの楽器のことはよくわからないのだけれど、押しつけがましい心や思いあがった心をのせた瞬間に、音の力が消えてしまう。

微妙で不思議なものだと思う。

相談者と音を生み出しては、ただ遊ぶような気持ちの時が、一番うまくいくようである。この部分は、あまり音楽の素養とかは関係ないかも知れない。きっとどんなことでもそうだから。

子供たちと一緒に弾きたくなり、子供用のライアーを手に入れた。ミユキちゃんに出会う半年ぐらい前のことだった。

合気道や柔術をやっているホテルマンがどんぐり亭にやってきた。お互い武術の稽古をして、相手を持ち上げたり、転がしたりして、ひとしきり技の研究をした。

彼が、ふとライアーの箱に気づいて聞いた。

「加藤先生、これ何ですか」

ライアーの木箱は妙にみんなの好奇心をそそるらしく、よく聞かれる。

「えっ。あ、ライアーですけど」

ここで、「ああ、なるほど。ライアーですか」となることは滅多にない。かなりマイナーな楽器だから。

「ライアーって何ですか」

「ライアーって、シュタイナー教育や音楽療法に使われる楽器でね」

と言いつつ、箱を開けると、

「ああ、ハープみたいなものですね」

そこから、ハープとライアーの違いを説明するのが面倒になり、

「ううん。ちょっと違うけど、まあ、そんなもんです」

となる。

昔、僕が親友に聞いたとおりの会話が、どんぐり亭では何度となく繰り返されている。だが、この時はちょっと違った。

「良い形だなあ。ちょっと、触らしてもらってもいいでしょうか」

「どうぞ、どうぞ。見城さん、音楽に関心があるの？」

「いえ、特別にそういうわけではないですが、不思議な形だと思って」

見城さんは、子供用のシンギングハンズライアーを手に取った。

見城さんは、優しく抱くように構えて、ライアーを弾きだした。

「ポーン、ポーン」

いい音がする。どんぐり亭も喜んでいるような感じ。シンギングハンズライアーはでたらめに弾いても、なんとなく曲になる。子守唄やわらべ歌の雰囲気を持った曲が即興で作り出される。

「なんか、似合ってる」

その場にいたみんながそう言って、どっと笑った。

僕はその音を聞きながら、この人は悲しい思いをたくさん乗り越えてきた人だなあ、とふと思って、愛おしく感じた。

武術家のホテルマンは、しばらくライアーを鳴らしていたが、突然、僕のほうを振り向いて、

「これ、買いたいのですが」

と言い出した。

「えっ。いや、ちょっと。そんな早まらないほうがいいよ。いったん家に帰ってよく考えてからにして。そんな安いものではないし。三日経って、ほんとに欲しいと思ったら、僕に電話してください。吉良さんというライアー奏者を紹介しますから」

そして、きっちり三日後。

「どう考えても、僕に必要なので、やっぱり買います。お願いします」

と連絡が来た。その声には僕が口をはさむ余地のない決意がにじみ出ていた。

シンギングハンズライアーを手に入れた彼は、時々、熱いメールを送ってきた。どうやら、職場にまで持ち込んでいるらしい。

「毎晩弾いています。心がほっとします」

「アメージンググレースが弾けました」

「加藤先生、気づいていましたか？　あのライアーで、子守唄が弾けるんですよ」

見城さんと僕のメールは武術の話はそっちのけで、ライアーの話題一色になった。

心の青空が黒い雲に覆われたとき、その雲を流す力は思わぬ方向からやってくることもある。セラピーとして事前に計画して受けるものばかりではなく、見城さんのようにふとした瞬間に手にする癒しもたくさんある。思い通りにならない日もたくさんあるけれど、思ってもみない天からのギフトが飛び込んでくることもある。

ライアーはあまりきっちりしたセッションの設計をして使うのには合わないように感じる。思いつくまま、感じるままがこの楽器のセラピーとしての使い方なのかもしれない。

だから、そのライアーの性質を直観で見抜き、すぐに行動に移したイサムくんはやっぱりただ者じゃない。すごいよ、イサムくん。

その一音の力を感じとり、「ヤバイ、ヤバイ」とつぶやきながら、名曲を即興して、自分自身が生み出した音に鳥肌を立てたミユキちゃんは、すばらしい。

そんな豊かな感性を持つ子どもたちが居場所をなくしていく世の中は、どこかおかしいと思う。子ども達が生き心地の良い社会にするために、僕ら大人にはまだまだやれることがたくさんある。

人は音で「できあがって」いく

自分が勉強不足のせいもあって、ライアーにはまだまだ謎が多い。

相談者に好きに弾いてもらって、「好きな音はどれだった？」なんて聞くと、かなりの確率で「ラ」の音を指す。どうしてなんだろう。

ラの音は、赤ちゃんの泣き声の高さだとどこかの本で読んだことがある。そうしたことと果たして関係があるのだろうか。

メルヘンクーゲル（オルゴールボール）というおもちゃがある。銀色の玉で、内部にオルゴールの仕組みが入っている。人差し指と親指でつまんで、優しく振ると、なんとも優しい星のきらめきのような音がする。あるかなきかの小さな小さな音だ。保育士さんたちを対象にした講演会で、「子ども達が騒がしくて、話をぜんぜん聞いてくれないが、どうしたらよいか」と質問を受け、紹介した。ポケットからゆっくり取り出して、騒がしい子ども達の前でそっと振る。最初は早めに、後はゆっくり振る。子ども達はメルヘンクーゲルに目が釘付けになり、耳をそばだて、そのかすかな音を聞こうとする。全員の注意が集まったところで、そっとしまって、「むかーし、ある所におじいさんとおばあさんがいました」と始めるといいですよとアドバイスした。後日、保育士さんから、「よく話を聞いてくれるようになった」と連絡が来た。この音がライアーにとてもよく似ている。

それと、あの何というのか、仏壇の中にあって、「チーン」というやつ。ああ、「おりん」といったかな。あれも同じ音みたいな気がする。これらの音の大きさや響きにライアーと同じ何か秘密があると思っている。

ライアーは障害をもつ人たちが、その制作の一部に関わっている工房が多いと聞いた。社会療法的な側面を持った工房の中で、彼らがいきいきと作業を進め、心を込めて僕らが使うライアーを仕上げてくれる。その人達の思いがライアーの音を仕上げてくれている。そのことも心にダメージを受けた人々が、心の青空を取り戻す音を作り出す力になっていることを僕は疑わない。

もっともっとライアーの研究を深めていかなくてはならない。

今、僕がセラピーに主として使っている音ということで、ライアーを紹介したが、本当はどんな楽器でも、どんな音でも良いのだと思う。自分や相手の心地良さに焦点を当てて、音を探していけば、きっと心の黒い雲を消し去る音を見つけることが出来るのではなかろうか。ピアノ、バイオリン、ハーモニカ、オカリナ……。それぞれの音の特長をとらえて、楽器、使う人の心、受ける人の心がある条件を満たすと、そこに強力な癒しの場が発生する。それが楽器の本質。

目はつむれるけれど、耳は手を使わなくてはふさげない。ふさいでもちょっと聞こえる。人間が二十四時間音を聞くように生まれてきた意味は何なのだろうか。生物学的には、いつでも危険を察知し命を守るため、なんて答えが出てきそうだ。きっとそれはそうだろう。

でもそれだけではなく、まだ意味がありそうだ。

職業柄、漢字の研究はよくする。漢字の成り立ちの中で、「み」という日本語の音は、「できあったもの」という意味があるという説がある。「耳」は二つあるから、「おめめ」と同じように「み」を二つ続けて書くが、本来は、植物の「実」と同じ「できあがる」の「み」だ。耳で音（声）を聞くことによって、知識や心ができあがってくる。だからふさげない。二十四時間、いい音もいやな音も聞こえてくる。それればかりか人間には聞こえない周波数の音まで、耳は聞いている。

ＣＤは大きさの関係で、人間が聞こえない音はカットしてあるとのことだが、生演奏とＣＤが何となく違うと感じるのは、この聞こえない音のせいかも知れない。

昔の人たちは音が聞こえ続けることの理由、そこに意味を見つけ出して、この耳という言葉を作ったらしい。

僕やあなたが毎日放つ音。アーチストが作った音楽。耳の不自由な人たちが体で感じとる振動。自然から生まれる様々な音。意識には聞こえず、無意識だけが聞いている音。その音を聞き、感じとりながら、僕らは「できあがって」いく。

アスリートたちが、自分の命の時間の全てをかけて、もうこれ以上できないほどの練習を重ね、試合に挑む。そこまでやってもまだ不安が襲ってくる。それを払いのけるために大好きな音楽を聴いて自分の心を奮い立たせる。あるいは落ち着かせる。そんな一シーンをテレビでよく目にする。

夕暮れのヒグラシのカナカナカナと物悲しい声を聴くと、子供の頃、外で一日中遊びまわって、全力で走って明かりのついた我が家に帰ってくる時の気持ちをまざまざと思い出し、何だか胸が痛くなる。そして、思えば遠くへ来たもんだ、とふっと自分の半生を振り返る。

高崎駅の夕暮れ。その一角でギターを弾いて、叫ぶように歌っている若者がいる。その前には、それを見つめる女子高生が二人しゃがんでいる。一人はうるんだ瞳で彼を見つめ、もう一人は、その二人を見比べるような視線を送っている。きっと今ここが彼らの大切な居場所なのだろう。お母さんはこの光景を知っているのだろうか、彼はいつの日か、「ゆず」のように、もっと多くの人に自分の音楽を伝えることになるのだろうか、なんて余計なことまで心に浮かぶ。

僕らは音の中で生きている。

時には音に励まされ、時には音に切なくなり、時には音に居場所を与えられる。

やっぱり人生というのは切なく悲しく楽しく、いいもんだなあと思う。

なかなかうまくいかない日もあるけれど、願わくば、自分から生み出される音が、人を少しでも幸せにできる音であって欲しい。

二　「活人術」で青空をとりもどす

嘘のようなホントの話

「相手にそっと触られた瞬間二メートルほど、自分が吹っ飛ぶ」

そんなことを聞いて、誰が信じるだろうか。

あ、いや、信じた友人がいた。名刹のご住職の奥様だ。立場上いろいろな行事が大変だろうが、いつも明るく元気で、はじけるように笑う人だ。

彼女に僕が自慢げにこの話をしたら、

「あ、それ私もできたことある。娘が小さい時にね、ドラゴンボールのカメハメ波を見て、おもしろいな、自分もできるかな、と両手を広げて、その空間に力をためたら、弾力ができて見えないボールみたいになったの。それで、娘にむかって、えい！って投げたら、娘がふっとんじゃったんですよ。ほほほほほ。娘に怒られちゃった！」

（触らないで飛ばした？　もっとすごいじゃん）

ふだんの彼女を見ていて、出会った人みんなを愛する彼女ならできちゃうかも、と思った。こういう人はこの章は読む必要がないと思う。

どんぐり亭ができて八年目。森や自然農法の畑、カウンセリングを使って、多くの人のセッションを行い、成功したり、失敗したりしながら、自分にあったやり方がだんだん分かってきた頃だった。

一方で、何かが足りない気もしていた。自然の中でのカウンセリング、それは確かに人の心を開く大きな力になる。しかし、この自分のやり方では、何かが足りない。このどんぐり亭の雰囲気をそのまま町にでもどこにでも連れて行けるようなこと、いつでもどこでも自分の心がどんぐり亭に吹くあの心地の良い風のようにいられること、そのためにはどうしたらよいのか。

二十歳の一人旅で出会ったアフリカの３６０度の地平線。あの大草原の真ん中で感じたさみしさと切なさを経て生まれた、周囲のすべての命への愛おしさ。

来てくれた人みんなを笑顔にするどんぐり亭の風とアフリカの地平線で感じた命への愛おしさは、心の深い深いところで一つにつながっている。

高校時代から、合気道や空手をちょこちょこやってきた。一応黒帯だが、たいして強くもない。昔から友人が負けて悲しそうな顔や悔しそうな顔を見るのが嫌で、わざとゲームに負けるような子どもだった。そんな奴は、けっして試合に強くはなれない。

だが激しい武術の稽古の中で、身にしみて分かったことはある。

心と体のつながりである。

心と体は実に強く結びついている。スポーツも当然、メンタルな部分が重要視されるだろうが、武術は基本的に、相手を殺すか、自分が殺されるか、という究極の設定になっているので、心と体のつながりを大変重んじて古来より研究されてきた。

「無心」でいられること。僕の言い方では、「生まれた時のままの心の青空」でいられること。僕はそこに答えを見つけようとした。

武術は簡単にいってしまえば、相手をやっつける技である。殺人術だ。しかし、それが武術として成熟してくると、その裏側にあるものも育ってくる。空手で狙う人の急所は、万が一の時ケガや病気の人を治す急所でもあることが多い。そこを適度に刺激して人を助ける。活人術である。柔道には柔道整復術があるのは、聞いたことがある人も多いかもしれない。古来からの柔術、あるいは柔道の学びを生かして、ケガを治療していくものだ。不思議と多くの武術にはそういうものがある。

本来、人の本質は、相手を倒すだけでは幸せだと思えないものなのではないか。武術のような道でも、何とか人を助けようとする道を見つけ出そうとするものだと思う。人を助けることで自分も幸せになる。その人間の本質が、活人術を生み出しているのだと思う。

自分の技を磨いて磨いて極めていけば、その技を使って自分や他人を助けることができる。勝ち負けが苦手な僕が、武術に惹かれた理由はきっとその辺りにある。

ある日のこと。高崎駅で僕はイライラしていた。無心とはほど遠い心である。嫁さんの買い物が約束の時間になっても終わらないのだ。

(まったくなあ。まだ終わらないのかよ)

僕は、待ちくたびれて、目の前の本屋に入った。こういうとき自分の専門の心理コーナーは精神衛生上良くない。迷わず、スポーツのコーナーに行く。自分の体を精一杯鍛え上げ、躍動させるアスリートの姿が気持ちいい。

(あれ、新刊が出ている)

空手でお世話になったことがある先生の本が出ていた。自分の身長より高い位置にあったので、すぐに手を伸ばして、人差し指を引っかけて引っ張った。

「あっ」

目当ての本を引きずり出したら、一緒に隣の白っぽい本が飛び出てきた。とっさに左手を出して、その本を空中でキャッチした。

ふと見ると、大東流合気柔術の達人、佐川幸義先生のカラー写真が見えた。

(お、佐川先生だ。合気柔術の本なのか)

大好きな佐川先生の写真を見つけ、僕はパラパラとその本をめくった。

ドキドキと自分の鼓動が聞こえ、次の瞬間、体中に電撃が走ったようなショックを受けた。続いて、まるで孫悟空のきんと雲に乗せられて、空を滑空するかのような感覚を味わった。

（見つけた。これだ！）

すぐに、レジに走り本屋を飛び出した。駅のローソンの壁にもたれかかり、僕はあっという間に、その本を読み終わった。

気がついた時は小一時間たっていて、ケイタイには嫁さんからの着信履歴がズラッと並んでいた。

（この著者にどうしても会いたい。会わなければいけない）

帰りの車では、ただただその事だけを考えていた。

著者の名前は「保江邦夫」。書名は『合気開眼』（海鳴社）。武術の本はよく読んでいたが、聞いたことのない先生だった。どうしても連絡をとりたいと思った僕は、海鳴社に電話をかけた。その日は休業日だったようで、また翌日にかけることにしたのだが、その間、待っている時間の長いこと、長いこと。よっぽど、新幹線に乗って出版社まで行くか、なんて思った。休みなのに行ってどうするつもりだったのか、自分でも訳がわからないが、そのくらい思い詰めた気持ちがあった。

翌日、小学校の休み時間に小部屋に飛び込み、ケイタイを使う。出版社に電話するなんて生まれて始めてだ。緊張しながら、電話すると、

「はい、海鳴社です」

明るい声が聞こえた。

何だかその声に励まされ、保江先生の本への感動をブワーッとしゃべり、最後にどうしても連絡先を教えて欲しいとお願いしたら、

「はい。わかりました」

といとも簡単に教えてくれた。拍子抜けしながらも間違えないように一字、一字、丁寧に書きとった。

まさかその後、保江先生に勧められ、自分がこの出版社から本を出すようになるなんて、思いもしなかったが、この時のことを編集者の方に話し、

「セキュリティーの固い出版社が、よく保江先生の情報をあんな簡単に教えてくれましたね」

と言ったら、

「本当によく分かったんです。本気なのが……」

と答えてくれた。

マニュアル化した対応ではなく心の通った対応が有り難かった。ちょっとディズニーランドみたい。でも実は、僕は密かに、自分の「合気」が編集者の方にかかったのだとも思っている。

その日、急いで学校から帰ると、心を込めて手紙を書いた。

『合気開眼』によると保江先生の活人術は、佐川幸義先生の道場で学ばれた合気柔術とスペインのモンセラート修道院のエスタニスラウ神父から伝授された活人術が融合したものと思われる。

岡山のノートルダム清心女子大で、物理学の教授をしている保江先生は、ある時、広島に来ていたエスタニスラウ神父にどうしても会わなくてはと突然思いつき、親友を誘って、出かける。住所も分

からず、ただ三原に住む隠遁者さま、と言う情報だけで。当然、途中で分からなくなり、実は住所は分からないと打ち明けると、親友は、「そんなすごい神父さんなら、君を何かで導いてくれるよ」といって、雲間から指している太陽の光を見つけ、その方向へ進む。それを、半分冗談のように数回繰り返したら、もう光が見えなくなったので、そこの村で地元の人に聞いたら、まさにその場所にエスタニスラウ神父さまが住んでいた。そして何も伝えていないのに、隠遁者さまは、彼を世話するシスターに「今日は二人のお客様が来るので、外出から少し早めに帰ってくるように」と話していたとのこと。

隠遁者さまの話はこんな不思議なことだらけである。その中で、保江先生は昔からモンセラート修道院に伝わる活人術を授けてもらうことになった。

それは、相手を倒すのではなく、聖書の物語にあったように、イエスが、襲いかかってくる暴漢を優しく抱き、攻撃の手を止めるだけでなく、相手を心から改心させてしまうような力だ。「汝の敵を愛せよ」

僕は、特定の宗教の信仰を持っているとはいえない。しかし、幼稚園は、仏教の曹洞宗の幼稚園で、本堂でよく座禅をした。高校、大学は新島襄先生ゆかりのキリスト教系の学校で、大人になってからは神道の巫女さまに大切な教えを頂く機会があった。

だから、まっとうな宗教を真摯に思う人達の心はよく理解できる。自分より遥かに偉大なものがこの世の中にはあると思っているし、何教を信じているというのではないけど、しめ縄の飾ってある大樹に頭を下げる人を素敵だと思うし、お地蔵様に手を合わせているお婆ちゃんを見ると、胸が熱くなる。孫の病気の快癒を祈っているのか、美しい。

人はやっぱり目に見える世界と目に見えない世界の狭間に住んでいると思う。それをしっかり分かって、どちらにも敬意を払う生き方がいいなと思う。

武術なのに、相手を大切に思って、その攻撃する力を抜いてしまう、そんな相手を生かす術があるなら、どうしても学びたい、それはきっと、互いに愛情があるのに、うまく愛のキャッチボールができない不登校の子や子育てに苦悩する親の力になるはずだ、とそんな思いを込めて、保江先生に手紙書いた。

数日後。仕事で疲れていて、こたつでウトウトしていた僕は、夜中にようやく居間から離れ、寝室に向かいながら、ふとスリープしていたパソコンを見た。

なぜか、はっきり分かった。

「来た！　保江先生の返事が来ている」

急いで、パソコンを開けると、メールを確認した。

「保江です」というタイトルで、メールが入っていた。

「お手紙ありがとうございました。本日、お手紙を拝受しました。お手紙を読み進めながら、感動で視界がくもるという状況を経験し、先生のような方が教育界に光を投げかけて下さるのだ、と確信しました。ありがとうございます。

私が三原の隠遁者さまから授かった活人術は、実は加藤先生のために遺されたのだと理解しました。是非、これをお伝えしたいと強く願っております」

とあり、僕がどんぐり亭の活動で忙しかったら、こちらから高崎に行くから、とまで書いてあり、あまりの有り難さに涙がこぼれた。パソコンに向かって深々とお辞儀をした。

興奮して、すぐに寝ている嫁さんをたたき起こし、この話をした。

彼女は半分寝ながら

「良かったねえ。ゴニョゴニョ……」

と訳の分からないことを言って、また、夢の世界に入っていった。

野山道場へ

この年の二月、僕ら夫婦は、岡山で保江先生との出会いを果たした。嫁さんを連れて行ったのは、周りを生かす活人術なら、同じく小学校の教員をやっている嫁さんにもきっと役に立つと思ったからだ。

野山道場に着いた僕らは、掃除を手伝い、いよいよ稽古にはいった。

四時間の稽古だった。

最も基本とされるのが、「合気上げ」という技だ。二人が正座をして向かい合う。受け手（技を受ける方）が、取り手（技をかける方）の両手首をしっかりと持って、体重をかけ、相手の腕が上がらないように力を入れる。

実際に誰かと試してもらうとよく分かるが、普通にやっても絶対上がらない。腕を浮かすことすらできない。しかし、柔術の熟練者は、ひょいと簡単に相手の腕を上げてしまう。しかし、エスタニスラウ神父の活人術はさらにすごかった。

僕は見本として、保江先生の技を受けさせてもらったが、本気で保江先生の腕を押さえ込んでも、とぼけた顔でひょいと上げられ、なんとそのままつま先立ちになってしまった。

「うわっ。何これ？」

思わず声が上がる。それが何度も繰り返される。

一体、何が起こっているのか、混乱した。そして、何だか、どんどん楽しくなってくる。いつの間にか、ゲラゲラと笑っている自分に気づくのである。

（こんなことが人間にできるの？）

「合気をかけるんよ」

と岡山弁で保江先生。

（合気をかけるったって？）

「自分の右隣りにマリア様がいると思って」

（マリア様？）

「あ、天使でもいいです」

（天使？）

僕はキリスト教系の学校を出ているので、マリア様や天使にあまり違和感はないほうだと思う。しかし、シチュエーションがシチュエーションなので、面食らってしまった。

保江先生はそれを見て、

「とにかく大好きな人を思い浮かべて、その人がじぶんの右隣りに座っていると思ってふっと手を上に差し伸べてください」

訳もわからないまま、言われた通りにした。

途端に、保江先生がポーンと上に飛んだ。

「それ、それなんよ」

腕に力はまったくかからなかった。まるで、保江先生が自分で飛んだように思えた。しかし、僕が受け手で本気で押さえても同じことが起こるのだから、やらせではない。とにかくこれまでの自分の常識を越える何かが起こっていた。

門弟の人たちと二人組になって練習を始めた。

かかりやすい人、かかりにくい人、かけやすい人、かけにくい人、様々だが、やっぱり上がる。

ちなみに野山道場の門弟の多くは、女子大生である。保江先生の勤務先が女子大で、合気道部の顧問もやっているためだ。道場の雰囲気も保江先生のゼミみたいな感じで、みんな好き勝手なことを言っている。上げられる度に、あちこちで笑い声が起こって、なんというか、うーん、キャピキャピしている。時々、先生の話を聞きながら、ウトウトしている子もいたり、先生の説明に突っ込みを入れたりする子もいる。

およそ普通の道場の雰囲気ではなかった。そういうと、道場なのに怪しからん！と言われる方もいるかと思うが、いわゆる、これが武術というより、活人術なのだと思う。そして、保江先生の人柄なのだと思う。

道場全体がとても幸せな雰囲気で、笑顔が絶えない。真冬なのに本当にポカポカしている。ある人は、床暖が入っていると本気で思っていたほどだった。

先生の「合気開眼」が出版されてからは、時々、全国から武術の猛者たちが真偽のほど確かめに来ていた。そういう人達が可愛らしい女子大生にポンポン投げ飛ばされている様は異様な光景だった。

合気上げから少し応用バージョンにはいると、僕は手順を意識してか、技がかからなくなった。苦労していると、赤堀さんという女子大生がすっとやってきて、

「ここに立ちますね」

と右側に立ってくれる。すると、右側がかあっと暖かくなって、ポンと相手が飛んだ。

エスタニスラウ神父様にとってのマリア様、天使。それと同じように、自分が大切に思っている人が本当にそこにいると思ったり、相手のことを大好きと思ったり、相手の幸せを心から願う。僕の場合は、人でなくても、午前中に門弟の方に連れて行ってもらった瀬戸内海のあの穏やかな海を浮かべても同じことが起こった。一点の曇りもなく全身全霊でそう思うと、相手はすっ飛んでいった。

心と体がいかに連動しているか思い知らされた時間だった。

自分の「教育」という仕事の中で、自分は子ども達や保護者に毎日そんな心で接しているかなあ、と反省もした。

三日間で学んだことはもっともっとあるのだが、とても書き切れない。

兄弟子たちと出会う

この時から僕らは、保江先生の門弟となり、時間を見つけては、岡山へ出かけていった。

三回目の稽古の時、ひときわ元気なおじさんが稽古していた。見るからにフルコン空手（実際に突きや蹴りを相手に当てる空手）の熟練者で、がっしりとした体をしていた。しかし、その体の上には、とびきり人なつこい笑顔がのっていた。

「うあーっと」

「おーっととと」

「うはははあ」

道場一杯に響くその人の歓声は、もうなんというか、喜びに満ちていて、聞いているこちらも何がうれしいのか分からないけど、うれしくなった。彼は、まるでスーパーボールのようにポンポン飛ばされながら、笑顔で叫んでいた。

その人は、後に保江先生の教えをもとに、氣空術という武術を創始する畑村洋数さんだった。長年、フルコンタクト空手をやりこみ、その道場の会長をやっていた。もの凄く強かった先代の会長さんのかねてからの教え「空手は最後は思いやりだ」という言葉の意味を解くために、これはと思う道場に足を運んだ。ひとたび当たれば病院送りになるような突きや蹴りの攻防の中で、一体何が思いやりなのか。畑村さんは分からず、道場を訪ね続けた。そして、野山道場にやってきた。

保江先生から、「合気は愛です。相手を愛して、腕をあげるのです」その言葉を聞き、技を見た瞬間に、畑村さんには、その本当に意味することが分かった。生涯をかけて探していた答えをやっと見つけた喜びで、もううれしくて、うれしくて、道場で歓声を上げていたという訳だった。

畑村さんともお手合わせいただいた。無茶苦茶強かった。僕がいかにヘナチョコでもそのくらいのことは分かる。でも、強い、弱いではなく、畑村さんに溢れていたのは、喜びや感謝の思いだった。愛だった。それが、なんとも心地良かった。だから数年後、彼が合気を空手に通した「氣空術」を創始したときは本当にうれしかった。

四回目の稽古の後だった。行きつけの店で、みんなで飲んでいた時、入り口の横の窓に一瞬、背の高い見覚えのある顔が通った。

「え。まさか」

と思って、見ていると、彼は店に入って、ずんずんとやってくる。一番奥の席にいた僕を見つけて、ごっつい右手を出した。

「加藤さん、初めまして」

「うわあ、炭粉さん、どうしたの？」

僕は声を上げた。

「えーっ。何で俺やとわかったん？」

今度は炭粉さんが声を上げた。

「だって、合気上げの動画を送ってくれたから」

「あちゃ。そうかあ」

炭粉さんは、苦笑いして額に手を当てた。

彼は炭粉良三さん。その時が初対面だった。保江先生が、僕へのサプライズとして呼んでくれたのだった。炭粉さんは神戸在住なので、稽古後の飲み会の時間に僕に会うためにわざわざ、岡山まできてくれたのだった。やはり、フルコン空手の熟練者で、僕の大切な兄弟子だ。保江先生から、「加藤さんを頼む」と言われたから、といつも合気上げの極意や自分の気づきや様々なことを群馬の僕にメールで送ってきてくれた。

岡山から帰ったとき僕は、まさしく達人だった。合気上げは誰にもかけることができた。（これは、大変なものを授かった）と得意になっていると、だんだん出来なくなってきた。焦った僕は保江先生にメールを送った。先生は、「野山道場ではできたことが家に帰るとだんだん出来なくなります。あの時の野山道場の雰囲気を取りもどしてください。長い時間かかる人も、すぐ出来る人もいますが、きっと出来ますから続けてください。あまり、上げようと思わないほうが良いと思います」と返信をくれた。

その頃からだった。炭粉さんが、毎日のようにメールをくれ、合気上げの仕組みや動画を送ってくれた。炭粉さんは療法家という仕事の傍ら、中学生に勉強も教えていたが、そこの子達を縦に並べて、腕の代わりに鉛筆で一気に全員上げてしまったり、非接触合気（触らずにかける合気）ついての実体験などを綴ってくれたりした。できの悪い弟弟子は、とんちんかんな質問もしたと思うが、いつも真摯に受け止めて、返信をくれた。

合気の道は、落とし穴がたくさんあるという。僕が落とし穴に落ちないですんだのは、炭粉さんのこの「合気とは何なのか」という炭粉良三インターネット講座のおかげだった。

その炭粉さんと初めてじかに会い、「合気」や「愛」について熱く語って、楽しい時間を過ごせて僕は本当に幸せだった。その数年後、彼は、合気についての研究をさらに深め、ついには、「零式」と呼ばれる独自の療法を見つけ出し、次々に難病を治していくことになる。

この幸せな会の間、保江先生はというと、ワイングラス片手に

「はい。マラコフ丼（保江先生が考案したこの店オリジナル料理）、あと一つですよ。誰か食べたい人いる？」

とか

「店のビールがもうなくなったから、他のものにして」

とか、実に楽しそうにみんなの世話を焼いていた。そんな様子を目の端にとらえながら、僕は、マザーテレサの「あなたに逢いに来る人が、逢って良かったと言う気持ちで帰れるように接してください。お世話するだけでなくあなたの心も捧げなさい」という言葉がふと浮かんだ。

こうして岡山で出会った女子大生や武術家や保江先生の身内の方々は、今でも付き合いがあり、相変わらず、僕に大切なことを教え続けてくれている。

スマイルリフティング

群馬に帰った僕は、どんぐり亭のセラピーの中に活人術を組み込んだ。というより、活人術を根底に据えて、セラピーを組み直した。

ちょうど、その頃、保江先生は合気上げの中の相手を倒すという武術的な要素を抜き取り、誰でも楽しめ、元気になれるように、と改変し「スマイルリフティング」と名付けて、協会まで作った。

どんぐり亭はスマイルリフティング協会の群馬支部になった。

どんぐり亭のセラピーの前には、ゆっくり飲み物を味わう時間がある。その時、僕は相談者に合気

人差し指で上げるスマイルリフティング

をかけて、二人がつながった状態でカウンセリングに入る。その人の様子によって、相手の希望を聞きながらセラピーを選択し、セッションを行う。まだ他に裏でやっていることがいろいろあるのだが、それを書いてしまうと相手が意識して、セラピーがやりにくくなるので、公表は許してください。ごめんなさい。

スマイルリフティングを選択した時は、2階のカウンセリングルームではなく、下の囲炉裏の所でやるのだが、とても盛り上がる。合気をかけられて、起こるはずのないことが起こって、声をあげる時の相談者はまるで赤ちゃんのようだ。

親子関係で、課題を抱えていた家族のセラピーの時は、家族で相手を交代しながら、スマイルリフティングをした。結局、お父さんはだれも上げることができなくて、小学生の娘が、家族全員をポンポン上げた。娘に上げられたお父さんの恥ずかしそうな笑顔は可愛かった。

家に帰ってからも、家族で楽しんでいると報告が来た。お父さんはだんだんみんなが上げられるようになった。家族にほめられて、お父さんは、やたらとみんなをスマイルリフティングに誘うようになったそうだ。不登校だった娘は、まだ保健室登校だが学校に行き始めた、ととてもうれしそうだった。

別に悩みはないけど、スマイルリフティングを体験したくて、とオペラ歌手の方々もやってきた。スマイルリフティングに歓声を上げ、すごく感動してくれて、そのお礼にと、「モンセラートの朱い本」と呼ばれる古くからモンセラート修道院に伝わる曲集の歌を歌ってくれたこともあった。

今はモンセラートに眠るエスタニスラウ神父もこの歌を修道院で耳にされたのか、と感慨もひとしおだった。

学校でのある事件

そんな時、当時僕の勤めていた小学校で、一つの事件が起きた。

生徒指導主任だった僕の所に若い先生が飛んできた。

「加藤先生、大変です。うちのクラスの子二人がけんかになって、一人の子が目がよく見えないというんです」

「すぐに病院に連れて行こう。管理職の先生にもすぐ連絡を」

(視神経をやられているかも、まずいな)

その子は大学病院で精密検査を受けた。その結果、信じられないことに「異常なし」。しかし、視力は0・1もない。

(一体、どういうことなんだ)

その日の夜、岡山大学医学部の山田先生に電話した。山田先生は、保江先生の友人で、僕らは、岡山で何度か会って食事を共にしていた。西洋医学だけでなく野口整体にも精通していて、医学的なことで心配があると、僕は山田先生を頼った。

「山田先生、こんなことってあるんでしょうか」

と事情を話すと、

「それがね、加藤先生、あるんですよ。体に異常なしということは、心の問題でしょ。その子はきっとよほど悔しい思い、怖い思いをしたんですね」

「そうかも知れませんが、一体どうすればいいんでしょう」

「二人を遊ばせてください」

「遊ばせる?」

僕は、最初、山田先生がからかっているのかと思った。

「そう。遊ばせて、お互いの笑顔を相手にしっかり見せなさい」

「そんなことで治るんですか?」

「原因がその時のケンカだけなら、たぶん、治ります」

電話を切った後も、半信半疑だったが、山田先生がおっしゃるのなら、と翌日、二人をカウンセリングルームに呼んだ。担任によって、すでに事実の確認、それぞれの子の反省すべき点のお互いへの謝罪は済んでいる。

それでも、二人だけでは気まずいかもと思い、クラスでその子と仲良しの子も数人呼んだ。

(必ず笑顔にする、と言えば、あれしかないな)

「いいかい。今日は、先生が不思議な遊びを教えるよ。あのね、スマイルリフティングっていうんだけど。

これから、先生の言った通りにすると、どんなしっかり押さえても、君たちの体がふわっと飛んで、立ち上がっちゃうんだよ。まるで魔法みたいな技なんだ。しっかり覚えて、おうちの人にもやってあげるといいよ。大人だって上がっちゃうんだぞ」

「えー。ほんと?」

「もちろん。今から、先生が全員にスマイルリフティングをかけるからね」

まず、目が見えなくなった子を前に座らせて、僕の両手首をしっかり持たせる。

「もっと体重をかけてごらん。うん。そうそう。こんなふうに持たれると大人でも子どもを上げるのは大変です。ほら。うーん。うーん」

彼を上げようとする。上がらない。小柄な彼は、本当は力ずくでも上げられそうだったけど、ごめんなさい、ウソをついた。

「だけどね、この子のことを心から大好きと思うんだよ。するとね」

と合気をかけて、腕を差し上げる。

「うわあ」

と叫んで、彼は、ポン！　と飛び上がった。

「ね。こんなふうに飛び上がるんだ」

子ども達は初めて見るスマイルリフティングに驚き、目を輝かせた。

「今日は、これをみんなができるようにするよ」

六人全員に順番にスマイルリフティングをかける。みんなおもしろいようにポンポン上がった。みんな大喜びだ。

一通り上げてから、今度は二人の子ども達を組ませて上げあった。仲の良い子同士を組ませる。よく上がった。二人とも、げらげら笑って楽しそうだ。

その後、組を変え、さりげなくケンカをした二人を組ませた。

一瞬、ちょっと空気が固くなったがそれ以外の子のペアが次々に上げあって、歓声が沸いたら、その空気が消えた。

その二人も交互に上げ合う。どちらも見事に上がった。

（やった！）

と思った。

その後、五人を縦一列に並べで、一人が五人を一気に上げる技をした。炭粉さんが動画で教えてくれた技だ。仲良し二人組の片方の子の後ろに四人をつけた。三人まで上がって、後ろはついてこなかった。

「おおすごいぞ！　三人も上がった！」

と僕が叫んで、相手を替える。

ケンカ二人組の目が見えなくなった子の後ろに四人つけた。

「いいかい。相手のことを大好きって思うんだよ。大好きって」

すると、少しの時間差で、まるで、波のように、きれいに五人が上がった。

「うわー。やった！」

子ども達は大騒ぎだ。

そこで、休み時間終了のチャイムが鳴った。子ども達は額に汗をにじませながら、笑顔で帰っていった。

数日後。

「加藤先生、大変です」

あの若い先生がまた飛んできた。

「え。どうしたの？」

「あの子の目が、治りました」

「治った？」

「はい。さっき親から連絡があって、病院で視力検査をしてもらったら、もとに戻っていたそうです。本当にありがとうございました」

「よかったねえ」

僕は、そう言いながら、(ほんとに治るんだ。今晩山田先生にお礼の電話をしなくちゃ）と考えていた。

ケンカ別れした時、最後に心に焼き付く相手の顔は、自分を憎む恐ろしい顔だ。その顔が記憶に残り、心に大きなストレスをかける。その自分を憎む友達の顔を消去して、笑顔の上書きをすることでこのストレスが消えた、ということだ。

すごいと思う。それ以来、僕は、自分のクラスでもケンカがあると、仲直りの時に必ず、相手の笑顔を見せるところまで持っていって、指導を終えるようになった。そうするとそのケンカが本当に後を引かない。

子ども達がケンカをすると、そのケンカじゃなくて、前にしたケンカが引き合いに出されて「その前の時、〜されたから、やり返した」みたいなケンカの理由が出て、事態が余計ややこしくなることがある。つまり、前のケンカが形式上収まっただけで、子ども達の心の中は納得できないでそのままになっていると言うことだ。

しかし、こうした仲直りの方法を取り入れてから、そんなことは一切なくなった。その場のケンカの仲裁だけで、子ども達はみんな納得する。すっきりしたと言う。

親友と大げんかをした次の日に日記にこんなことを書いてきた子がいた。

「ケンカするのは悪いことじゃないと思った。自分が直す所がよく分かるし、友達の本当の気持ちがよく分かるし、ケンカする前より仲良くなれるから。これからも笑顔で仲直りしたい」

スマイルリフティングが子ども達の心を成長させた出来事だった。

マザーテレサ効果

保江先生はマザーテレサと会ったことがある。保江先生が勤めていた大学の学長は、ベストセラーの「置かれた場所で咲きなさい」の著者、渡辺和子シスターなので、その関係でマザーテレサが大学にやって来た。

保江先生にマザーテレサと握手をした時の印象を聞いたら、

「まるで綿のようでした」

と話していた。

力を抜き、相手を愛することを教える冠光寺眞法や氣空術では、この言葉は大きな意味があるが、この二つの流派には、マザーテレサ効果というものがある。

マザーテレサはもちろん誰もがご存じのインドの聖人だが、ハーバード大学のマクレランド博士が、学生たちにカルカッタのスラム街で貧しい瀕死の病人たちを世話しているマザーテレサのドキュメンタリー映画を見せたら、免疫機能が大幅に上がっていたことがわかった。さらに、映画を見せなくても、それまでの自分の人生で誰かに深く愛されたことや自分が誰かを愛したことを思い出すと同じ効果が出ることが分かった。逆に、怒りや敵意を持つと病気になりやすく死亡率が上がることが他の研究者によって証明された。

それがマザーテレサ効果と呼ばれる。

しかし、それだけでなくマザーについては、いろいろ不思議なことが噂されていた。

その中の一つは、マザーが大変な力持ちだということ。身長１５０㎝にも満たないマザーが、１９０㎝を超える行き倒れの男性をヒョイと担いで、修道院に連れて行く。なんと力持ちなのだ、ということなのだ。

冠光寺眞法や氣空術では、実は、これは合気の力、マザーテレサ効果だと考えている。マザーはまさしく愛のかたまりで、すべての命をごく自然に愛している。出会った行き倒れの男性もしかり。体にウジが湧いている人もなんの隔ても偏見もなく接して世話をする。

マザーに出会った人はみんなマザーの合気がかけられる。そこで、合気上げと同じ原理で、強力な合気がかかって、彼の体は、深く愛されている喜びに満ちて、自分で立ち上がってしまうのだ。

この現象を使って、合気起こしという技がある。寝ている人の腕に触れ、合気をかけて起こす技だ。

これは、簡単にできることが多いので入門編としてよく使われる。合気上げは少し難しいが合気起こしは初めてでもしっかり相手を大切に思う気持ちができれば、ほぼ確実に成功するので、みんなすごく驚くし、喜ぶ。

僕がカウンセリングルームとして使わせてもらっている学校の部屋には、普通のカウンセリングルームに絶対ないものがある。それは、マット。

合気起こしを体験してもらうためのものだ。

たくさんの人達が希望して、合気起こしを体験していった。

「いいですか。では、最初は、寝ている相手に対して、何だこいつ面倒くさいなあ、なんで自分がこんなやつを世話しなくちゃならないんだ。そんな気持ちで起こしてください」

そういう気持ちをしっかり持つと、人は本当に重くなる。マットが移動用の軽量マットを使っているので、寝ている人の腕を持って引っ張ると、その人がクルクル回ってしまう。

「ね。普通はこんなふうになります」

「じゃ、合気起こしをしますよ。相手を大好き、愛してると思ってください。もし好みじゃなくてもしっかり、そう思ってください」

そう言うと、上げる人は、クスクス笑いながら、自分に言い聞かせる。

(私はこの人が大好き、愛している)

そして、手を引くと、寝ている人が磁石のように吸い付いて、起き上がってくる。

「ええー。どうして?」

「自分でもよくわかんない」

「ね、ちゃんとやった？」

「やってるよ」

「気を使ってない？」

「使ってないよ」（本当は別の意味で気が使われているんだけどね）

と、お互いの心の確認作業になる。

入れ替わって、やっても同じことが起こる。


あるお母さんは、朝、全然起きてくれない不登校傾向のある小学生の息子に合気起こしをかけて起こした。もともととても愛情豊かなお母さんだったが、毎朝、思いっきり愛して、合気起こしをする。最初は半信半疑だったが、カウンセリングルームで教わったようにやってみると、ヒョイっと起きる。可愛くて、おもしろくて、起こしているうちに学校に行くようになった。時間通りに起きられるようになり、時々あった学校の玄関でのお別れ渋りもなくなった。その様子を見て、お母さんはさらに元気になった。

あるご夫婦は、夫婦仲があまり良くなく、「離婚を考えているがどうしたものか」と言った。僕が見たところでは、そこまでうまくいっていないようには思えなかったが、本人たちは深刻だと言う。

「その決断は、僕にはできないから、ご自分達でよく考えてください。でもお子さんの心の安定のために、毎日、一つだけ試してみて欲しいことがあります。決断されるまでは、きっと毎日やってください」

と合気起こしを教えた。子どももいれて、三人でローテションでやるようにお願いした。二人はその約束を守って毎日、三人でやっているようだった。娘さんの状態は確実に安定した。セッションは一度きりだった。もう何年にもなるが、まだ二人は一緒にいる。いまのところはこのままで大丈夫なようだ。

ある日、パソコンにメールが入った。前の例のようなセラピーの依頼ではなかった。どんぐり亭は、スマイルリフティングの群馬支部だが、畑村さんの氣空術の連絡所にもなっている。その連絡所のアドレスを使って、「自分はフルコン空手をやってきたものだが、友人から話を聞いて、冠光寺眞法や氣空術をぜひ体験したい。時間を作ってはもらえないか」との依頼だった。

（これって、もしかして道場破りか？）

と一瞬思ったけれど、道場もないのに破られようがない。仕方なく、畑村さんに電話したら、

「東京道場にきてもらってもええんやけど、せっかく加藤さんとこに連絡くれはったんなら、加藤さんが合気上げから、手ほどきしてやったらどうやろ」

というので、（それもそうか）とセッションの合間に来てもらった。なんと彼は、バイクで四時間も

かけて、たった三十分のために栃木からやって来た。

腕は確実に僕の二倍の太さがあった。ノッシノッシと部屋に入ってきて、礼儀正しく挨拶をしてくれた。

「遠いところおつかれさまです。じゃ、始めますね。そこにしっかり立ってもらえますか。両足開いて。はい、それでいいです。しっかり立っていますね。かけますよ」

と腕を綿のように掴んで、氣空術を使う。

「うわっ」

と鋭い声が小さくもれて、彼は床に落ちた。

「次ですよ。また、しっかり立って下さいね。じゃ、かけますよ。」

肩をそっと触って、床に崩す技だ。

「おっ」

とまた声が上がり、彼は床に崩れる。

すると、彼はフラフラと立ち上がって、イスの方に歩いて行って、ドスンと座った。そして、顔を押さえてうつむいた。

体が小刻みに揺れている。

（あ、合気の技を受けると、みんなよく笑いだすからなあ）

と思って、よく見たら、ポロポロと涙がこぼれている。

（えーっ。どうした？）

と様子を見ていたら、

「す、すみません。うれしくて。うれしくて。本当にあったんだ、こんなのが」

そう言って、人目も憚らず、泣き出した。

その言葉を聞いて、彼の気持ちがよく分かった。自分が保江先生の本を読んで、野山道場に行った時の思い、畑村さんがうれしそうに歓声を上げていた時の思いに、彼の気持ちを重ねてみた。

何だか、可愛くなっちゃって、合気上げ、合気起こしと次々にサービスした。

彼は心からその時間を楽しんでくれた。特に合気起こしの時の反応は大きかった。僕と彼の二人しかいないので、僕が受けと取りを交互にする。

彼は大柄なので、ぐでっと力を抜かれると、どうにも上がらない。そこで、合気をかける。（大好き！いつも本当にありがとう）

ピョコンと起きる。

「これ、すごいですね。すごいです」

とつぶやくのだ。そして、

「僕は介護の仕事をしているんです」

と言った。

（なるほど。合気起こしは介護にはぴったりだ）

愛している、大好き、そう思っておじいちゃん、おばあちゃんに合気起こしをかけて起きてもらえば、お互いどんなに心が温まるだろう。僕は、彼の厳しい介護の時間が少しでも温かな時間になることを祈った。

帰り際、彼は、

「途中で、買ってきたんですけど、こんなものですみません」

と紙袋を差し出した。小さく可愛らしいチョコクロワッサンがたくさん入っていた。およそ彼の見た目とは正反対の印象だったので、吹き出しそうになった。

砂糖の入った甘い物が苦手な僕だけど、心がたくさんこもっていたので、有り難く頂いた。

駐車場まで見送った。まだ涙の後がついている顔にヘルメットをかぶり、彼は四時間の道を帰っていった。

翌日、彼からメールが来た。ちょっと変わったメールで、丁寧に書かれた手書きの手紙を写真に撮ったメールだった。ただのメールでは失礼だと思ったのに違いない。

彼らしい気の使い方だった。

教員採用試験

放課後、職員室からトイレに行ったときのこと。出てくると人影がさっと寄ってきた。

（おっ。不審者か？）

と身構える。これではだめだ。人影の段階で、愛して合気をかけないとね。

「加藤先生、ちょっと相談があるんですけど……」

同僚の女の先生だった。

「あの、私、採用試験の一次が受かったんです」

「おお。やった。おめでとう。よかったねえ」

学校の先生たちはみんな教員免許を持って、つまり子ども達に教える資格を持って指導に当たっているが、正規の教員になるためには、それとは別に各都道府県の採用試験に合格しなければならない。子ども達を指導する力は十分ありながら、採用試験にまだ受かっていない先生たちは、臨時の先生をしながら、家で勉強して、採用試験突破を目指して頑張っている。

臨時の先生の中には、家庭の事情で、採用試験を受けず、臨時を続ける選択をしている人もいる。正規、臨時だからといって教員の仕事は変わらない。正規の先生以上に、情熱を持って、子ども達に良い指導をしてくれている臨時の先生を僕はたくさん知っている。

彼女は、今年の採用試験突破を目指していた。一次試験はペーパーテストで、二次試験は面接や実技である。

「先生、私、面接が苦手なんです」

確かに、人前で緊張しやすい子だった。しかし、僕のクラスにも授業で入ってもらったことがあるが、授業も上手で、指導力は高かった。何より、子ども達を育てていくことに喜びを持っているところが良かった。

「加藤先生のセラピーで、面接で緊張しないでいられる方法を教えて欲しいんですけど」

「うん。わかった。一次合格のお祝いに、とっておきの方法を教えよう」

「え。あ。ありがとうございます」

僕は、彼女をカウンセリングルームに連れて行った。

「緊張しない方法はセラピーの中でたくさんあるよ。でもあなたに合っているのは、活人術のセラピーだと思う。

あのね、よく聞いてね。

面接の時、部屋に入る扉に手をかけた瞬間、その中にいるすべての人を愛して下さい。ここにいるみんなが大好き！　そう思って、部屋に入っていくんだよ。

それだけを考えて。心を込めてそう思って下さい。これで、あなたの緊張はとけて、友達に話すように笑顔で話せます」

「それだけでいいんですか」

「そう。それだけを本気でやって下さい」

「わかりました。ありがとうございます」

話があまりに突飛だったので、その時はちょっといぶかしげな表情だったけど、素直な彼女は、話したとおりしっかり実行したそうだ。

二次試験の後、

「とても落ち着いてできました。みんな温かい感じでした」

と報告してくれた。

結果は当然、合格だった。

今、彼女は別の小学校で生き生きと新採用一年目の教員をやっている。友達の先生と「どんぐり亭に遊びに行きたい」と連絡をくれたが、こちらが忙しくてまだ叶えてやっていない。高崎市の水泳大会で見かけた姿が、凛々しくて格好良かった。もう大丈夫。よかったね。

奇跡のおにぎり

青森に僕が大好きなおばあちゃんがいた。いた、と過去形なのは、残念ながらすでに亡くなってしまったからだ。大好きといいながら、会ったことはない。

名前を佐藤初女さんという。

もともとは小学校の教員だったが、その後、「森のイスキア」という施設を作った。そこには心を病んだ人、生きることに疲れた人たちが全国から集まってくる。そこで初女さんは、彼らの話を聞き、食事を作る。自殺まで考えていた人が、初女さんの作ったおにぎりを食べて、思いとどまった。

いったい、ただのおにぎりに何があるというのか。

初女さんは、おにぎりに入れる梅干しや漬け物を作るとき、夜中にも目をさまし、漬け物の声を聞くという。「もっと軽い石に替えてくれ」とか、「水が欲しい」とか。その声を聞いて、漬け物の言うとおりにしてやるのだという。

僕が初女さんを知ったのは、龍村仁監督の映画、地球交響曲第二番だった。見慣れないおばあちゃんが出てきて、ふきのとうを掘る場面だった。衝撃を受けた。

龍村監督が、後のエッセイで述懐していた。

スタッフの食事のためにふきのとうを採りにいった初女さんは、なんとそこらに落ちていた木の枝を手にして、シャカシャカと雪を掘り始めた。その下にあるふきのとうを採るためだ。龍村監督が、(何とめんどうな採り方をされるのか) と驚いていると、そうやって時間をかけて雪をどかし、最後にそっと根元に刃を入れ、切り離した。

その理由を考えて、監督は、なぜおにぎり一つで人々が自殺をとどまったり、生き続ける勇気をもらえるのか、が分かったという。

初女さんは、ふきのとうを食材とは考えていない。自分と変わらない命ととらえている。命だから当然、心がある。その心を大切にしているのだと。いきなり、大きなスコップでドカンとふきのとうを採るのは彼らを恐怖におびえさせることになる。彼らが命だとみれば、怖がらせず、彼らが (大きくなろう) と思う喜びの心のまま、頂くことが必要なのだ。ゆっくり雪をどけ、陽の光を当て、春になった喜びを感じた彼らをそのままそっと切り離す。

初女さんがやっていたことはこれだったのだ。

「元の命が残っているというか、お料理することによってまた生かすんです」

とは、龍村監督の質問に答えた初女さんの言葉。

本当に衝撃だった。拙著「どんぐり亭物語」（海鳴社）に出てくる宮大工の加部さんも似たようなことを言った。どんぐり亭を建てるためにどうしても切らなくてはならなかったコナラの大樹を前に半べそをかいている僕に向かって、

「先生、樹には二回の命があるんだい。一回目は生物としての命。二回目は、材としての命だ。そうやって、樹は二回の命を生きるんだよ。この雑木は材木というわけにはいかないが、俺が炭にしてやるから、山小屋で使いな」

世の中にはすごい人がたくさんいる。

命に向かって、いつも心を込めて接していく人たち。すべての命に対して決して敬意を忘れない人たち。その人たちが体現している世界をよく見れば、そこには人が幸せに生きていくための答えがある。

合気の正体とは、おそらくそれなのではないか。

活人術とはただの技ではなく、それを求めていく道なのではないかと思う。

そして、放送局が素晴らしい放送を流して我々が感動して見ることができるのは、テレビという受信機があるからだ。それと同じで、誰でも相手の「愛」という温かな心に体が反応を起こすというのは、誰の心の中にもどんな命にも相手の美しい心を映す青空があるからだと思っている。

三　「タッピング」で青空をとりもどす

車酔いとTFT

（あー、やれやれ。久しぶりの昼休みだ）

職員室に帰ってきた僕は、コーヒーカップを手に、自分の机に戻ってきた。

小学校の二十分休みと昼休みは、子どものカウンセリングをしていることが多く、なかなか休憩がとれない。

コーヒーをゴクッと一口飲んだ途端に、パソコン室からのインターホンが鳴った。

「加藤先生、みんな集まってます。お願いします」

「え。あー、しまった。すぐ行きます」

（忘れてた！　今日は、六年生の修学旅行のセラピーを頼まれていたんだった）

あわてて、二階のパソコン室に向かう。

（落ち着いて！）と自分に言い聞かせながら、手の横をトントンとタップして、深呼吸。階段を登り終えた。慌てた気持ちのままセラピーに向かってはいけない。

「遅れてごめんなさーい」

そう叫びながら、元気良く入る。

子ども達はすでにだいたい集まっていた。遅れた子を待って、セッションに入る。

この春から、六年生の修学旅行は一泊二日の泊まりになった。行き帰りで六時間のバスと一日目にはフェリーでの移動がある。せっかくの旅行で、乗り物酔いをしたら、かわいそうだと六年生の担任が、乗り物酔いのセラピーを依頼してきた。

三十二名の希望があった。

「こんにちは」

と声をかける

「こんにちはー」

元気な反応がある。今年の六年生は元気な子が多い。

「修学旅行、楽しみだね。せっかくの旅行で乗り物酔いしたら、イヤだよね。今日は、みんなが乗り物酔いをしないように、セラピーをするよ。ここにいる人たちは車に酔ったことがある人だよね」

みんなウンウンとうなずく。

「先生の言ったことをしっかりやると、とても車に酔いにくくなります。よく見て、真似してね。

じゃ、まず、自分から先生がよく見える場所にイスを動かしてごらん。では、空手チョップの場所をトントンするよ。そうそう、上手だね。痛くなるほど、強くやらないよ。トントンと気持ち良くね」

といいながら、僕も鏡になってやってみせる。

「次に、車に酔って気持ち悪くなった時のことを思い出して。ちょっとつらいけど、しっかり思い出すと、その分、しっかり心のトゲがとれるからね」

子ども達の表情が変わる。車で酔った時のことを思い出している。

「じゃ、先生がやる通りに、真似するんだよ。はい、まず、脇の下を五回トントンして。本当の脇の下より十㎝、手のひら一つ分くらい下だよ。うーん、いいね。

次は目の下だよ」

こんな調子で、子ども達は、車酔いの時のことを思い浮かべながら、次々に体をタップしていく。

タップの時間はものの数分だ。

「じゃ、車酔いの時のこと、もう一度思い出してみて。なんか、その時のつらさがぼんやりして思い出しにくくなったり、消えたりしていないかい?」

「おー。ホントだ。いやな感じが消えている」

これは、いつも乗りの良い六年の学年主任の先生だ。彼女も車に酔うらしい。

「なくなった」

「やな気持ちがない」

子ども達が、声を上げる。ウンウンとうなずいている子や、隣同士で消えたことを確認している子もいる。

グループワークで良いと思うのは、自分と周りとの気持ちのやりとりができること。自分の感覚に自信がなくて、良くなったんだか、分からない、とかあまり変化がない子が、肯定的な子の意見に勇気づけられて良くなっていくこともよくある。普段の授業の中でも、(跳び箱現象と僕は勝手に呼んでいるが)クラスで跳び箱の指導をしている時、一人が跳べると、次々とみんなが跳べて、クラス全員が跳べることがよくある。グループの雰囲気に乗せられるということだと思う。プラセボ効果の有無等、いろいろな議論があるところだが、このような方法で、とにかく事実として良くなっている。

僕は引率者として、この子達の修学旅行について行ったが、三十二人中、酔った子は一人もいなかった。危なそうな子に担任が上手にセラピーのことを思い出させてくれたことも関係があるだろうが、たった一度の修学旅行で辛い思いをする子が出なくて良かった。

中には、きめ細かな保護者もいて、セラピー後、すぐに試しにと家族でドライブに出かけたそうだ。いつもはすぐ車酔いをする息子が、「全然大丈夫だったのでびっくりした」と言っていた。本人はそこで自信をつけ、本番はまるで平気だったそうだ。

ここで使った方法は、TFT(思考場療法)という。

アメリカの心理学者、ロジャー・キャラハン博士が1970年代に発見し、発展させてきた心理療法の一つだ。東洋医学で使われるツボをタッピングすることで、心の問題の症状を改善していくユニークな療法だ。

アフリカのコソボ紛争やルワンダの内戦、アメリカのハリケーンや洪水、東日本大震災や熊本地震の支援としてＴＦＴセラピストたちが現地へ赴き、多くの人たちの心のケアを行った。現在では、アメリカ政府の公的機関がその有効性を公式に認めたセラピーとなっている。日本ＴＦＴ協会の森川綾女理事長は、これまでの功績が認められ、国連のＷＨＦの役員に選ばれた。

日頃、森川先生のＴＦＴへの真摯な取り組みを目の当たりにしていた僕は、本当にうれしかった。

現在ではこれだけの実績を上げているＴＦＴだが、ユニークなセラピーなので、最初はなかなか認めてもらえなかった。今でも、インターネットのウィキペディアなどでは、ＴＦＴの説明はあまり好意的に書かれていない。ＴＦＴを実際の臨床で使って高く評価している心理士や医師、学者たちが内容を正確に書き換えると、いつの間にか、またもとに戻されている。ＴＦＴが広がっては困ると思っている人が戻しているようだ。

まるでイタチごっこだ。僕は、これまで２０００人を超える人にＴＦＴを使っているが、明らかに効果があった。もちろん、全然効き目のない人もいるが、それはこれからの自分の課題だ。僕自身初めのうちは、大変失礼ながら、この療法のユニークさがなかなか受け入れられず、疑いながらやっていたが、何人もの人たちが、心の崖っぷちから自らＴＦＴを使い、自分の持っている生きる力を引き出し、立ち直っていった。

だから、僕はＴＦＴに出会ったことに心から感謝しているし、ＴＦＴをとても良いセラピーだと認めている。そりゃ、正しく直されるにこしたことはないけど、そんな不毛なイタチごっこより、ＴＦＴを使って、目の前の人達に笑顔を取りもどす方がずっと大切！と思っている。それは、他のＴＦＴセラピストたちもきっと同じ気持ちだと思う。

母子分離不安とＴＦＴ

どんぐり亭がライアーをより響かせるように、今の学校のシステムはＴＦＴの良さを引き出し、子供たちや親たちを助けるのにとても相性が良い。

今、マスコミ等でも取り上げられているように、学校というところは、一昔前とはまるで違い、驚くほど忙しい。社会で何か事件が起こる度に、それに対応する行事が増やされる。不審者対応、親のクレーム対応、不登校対応、いじめ対応、……一つ一つはみんな本当に大切なものだが、それを昔のシステムのまま、次々に増やしていて、昔からあるものはほとんど減らない。

人の手は二本しかない。何かを手に入れようとしたら、何かを手放さなければならないものだ。すべてを手に入れることなんてできやしないのだ。それをやらないで、ただ増やしていけば、いつか身動きがとれなくなり、破綻する。

かつては、多くても週に一回ほどの行事で、それに丁寧に取り組め、子ども達ともゆっくり感動を分かち合えた。失敗もみんなでとことん考えて、自分たちの学びにできた。今は、一日に三回の行

車酔いをなくすTFTグループワーク

事がつまっている日まである。忙しく飛び回っている先生たちは一年中「師走」である。冗談でなく、トイレに行く間もない。

僕は、困っている子供たちを何とかしたくて、三十年ほど前からカウンセリングを学び始めた。その頃、大きく感銘を受けたのは、河合隼雄先生の考え方だった。今でも、苦しくなるとボロボロになった河合先生の本を引っ張り出してくる。

その後、武術の関係から知ったアメリカの心理療法家のミルトン・エリクソンに傾倒した。催眠療法の達人として有名な先生だが、催眠療法というより、僕は彼の生き方そのものを本当に尊敬している。クライアントの行く末を自分が亡くなった後まで考えていて、みんなに生きる希望を与えてきた彼の生き様はセラピストの理想だと思う。

そして現在、僕はＴＦＴのセラピストになっている。

その経験や学びがすべて自分の中で溶け合って、僕のセラピーになっている。どれが良くて、どれが悪いというのではない。

ただその中で、今の慌ただしい学校の様子を考えると、先生たちにはTFTを使ってみたら、とアドバイスすることが多い。

TFTはブリーフセラピー（短い時間で行うセラピー）の一つだ。学校の子供たちを助けるために、使えるわずかな時間。それを有効に使うには良い選択になる。

TFTを始めたばかりの時だった。

朝、学校に出勤する。すると、駐車場の近くで、母親にひしっとしがみついている一年生の女の子がいる。

職員会議で登校しぶりが報告されていたユミちゃんだった。ユミちゃんのお姉ちゃんは前に担任したことがあった。

「ウワーア、ウワーア。やだー。やだー。ママがいいー」

車から降りると、泣き声が聞こえた。母親は悲しそうな顔で、その子の背中を撫でている。

「おはようございます。どうしたの？　離れられないの？」

僕は声をかけた。

「おはようございます。加藤先生、すみません。この子がどうしても離れてくれなくて」

「大変だね。どちらも」

そういうと、母親は照れたようにふっと笑顔を見せた。

「大丈夫だよ。ちょっと元気になるおまじないをやってみようか」

「あ、はい。ありがとうございます」

母親が言う。子供からの返事はない。

「お母さんね、僕がやる通りのことを、ユミちゃんにやってくれる？　そうすると、元気が出てくると思うよ」

そう言って、僕はＴＦＴを始めた。

「はい。分かりました」

「じゃ、まず、この手の横のところをトントンしてやって」

お母さんが泣いているユミちゃんをタッピングする。

ユミちゃんは泣きながらも嫌がらずに、受けている。

「次は、眉毛の端のところ、ここね」

お母さんは、僕が自分の顔にタップするのを見ながら、ユミちゃんにタッピングを続けた。ＴＦＴの専門家養成講座で教えてもらった、不安のアルゴリズムというタッピングポイントを使った。ナインガミュートという手順は僕がやった。

進むにつれて、ユミちゃんの泣き声がなくなって、ヒックヒックしている。

（ああ、効いてきたな）と思って、最後のアイロールという手順で終えた。

「さあ、もう大丈夫。元気になったかな」

と引っ張らないように、ユミちゃんと手をつなぐと、自分から歩き出した。

「ユミちゃん、元気が出た？」

ユミちゃんはこくんとうなずいた。そして、

「ママ、ママ」

と小さな声で呟きながら、自分から玄関に歩いていく。

僕は自分が、いたいけな母子の仲を引き裂く極悪非道な大悪人のような気がした。でも今はこうするしかない。ちょうどそこに担任が来た。

「あ、先生、お願い。もう大丈夫みたいです」

と言って、彼女を担任に引き渡した。

担任は、びっくりした顔で、クラスまで彼女を連れていく。

僕とお母さんはその姿を見送った。

「先生！　何したんですか。魔法みたい」

「これ、ＴＦＴっていうセラピーなんだよ。後で教えるから覚えてくれる？」

「はい。ぜひ教わりたい」

「じゃ、後でね」

職員室に行くと、ユミちゃんの担任の先生が、

「先生！　何したんですか。魔法みたい」

とユミちゃんのお母さんとまったく同じことを言って、おかしかった。

二日間、同じパターンの後、笑顔でバイバイができるようになって、その後は、みんなと普通に学校に来られるようになった。

ここに話したことは、事実だが、「良いとこ取り」でもある。

ＴＦＴは万能ではない。こんなふうにうまくいかないケースもある。しかし、もし、ＴＦＴを持っていなかったら、どうなっただろうか。教員は寄り添って、一緒にいてやることしかできない。それは、人として、教員としてとても大切なことで、それが許されるなら、どんなセラピーをも凌ぐ力になる。しかし、忙しい担任は、朝の教室でやらなくてはならないことがたくさんある。彼女が立ち直るまで、無制限でいつまでも居続けてやることはできないのだ。

他の先生にユミちゃんを任せなくてはならない。あるいは、クラスの子ども達を他の先生に託さなくてはならない。そして、それでもユミちゃんはお母さんから離れられずに、いったん家に連れて帰ることになるかもしれない。

みんなの気持ちに残るのは、たぶん敗北感のようなもの。

うまくいかない時もあるかもしれないが、いざとなったらＴＦＴを使えるというのは、教員にとっては大きな自信になる。実際にはＴＦＴを使わなくても、そのゆとりがユミちゃんみたいな分離不安を持つ子を元気にする言葉を紡ぎだすことだってある。

他の子がスイスイと元気に教室へ入っていく中、「どうしてうちの子は」と切ない気持ち持ち続けながら、毎日校門に立ち尽くす母親の気持ちを考えると、そして、何も打つ手がなくて、ただ許される時間の間だけ寄り添い続ける先生のプロとしての敗北感を思うと、やっぱり使えないより、使えたほうがずっといいと思う。

朝の十数分の間に何かをしてやるとしたら、TFTは相当頼りになると思う。

このようなケースはこれまでに、二十回ほど経験したが、その話を嫁さんにしたら、早速使ってみたらしい。その中で、最近興味深いことを教えてもらった。

TFTの不安のアルゴリズムを使って、同じようなケースで教室まで連れていけたのだが、授業が始まると、また涙を目にいっぱいためて、泣き出す子がいるという。毎日そうなのだという
そこで、不安のアルゴリズムを止めて、別のアルゴリズムを教えた。まったく手順の違う愛着のアルゴリズムと呼ばれているものだ。それを使った途端、授業中の思い出し泣きがなくなったとのことだった。

TFTのアルゴリズムというのは、多くの人に試して、症例別に7割以上の効果があったタッピングポイントとその順番を確定したものだが、臨床の中で、このような違いがはっきり出るというのは、どこでもタップすればよいというものではなくて、心と体をつないでいる道にははっきりとした違いがあるということだ。人の心の巧みさや不思議さを感じた。

ブリーフセラピーとしてのＴＦＴ

二時間目と三時間目の間の二十分休みもセッションが入る。授業が少し延びてしまうことはよくある。担任たちは、算数の問題がもう少しでできる子に、「はい、チャイムね。終わり」などとドライな対応はとてもできない。したがって、朝会の時担任から頼まれていたセッションに子どもが遅れてしまう、なんてことも多い

僕のクラスで何かがあって、こちらの都合で遅れてしまうこともももちろんある。するると、あと八分で休み時間が終了、なんて時にカウンセリングルームに飛び込んできた子に、一体何ができるのか。貴重な八分である。だからといって、あたふたと急げば失敗する。

「加藤先生、すみません。算数がちょっと伸びちゃって」

「あ、大丈夫だよ」

ほんとは、あんまり大丈夫じゃないけど、忙しい担任のことを思って、にこやかに気休めを言う。今週は、昼休みも放課後もセッションがぎっしりで、代わりの時間は取れない。

担任からは、事前に状況を聞いていていた。

６年生の男の子だった。昨日から食事が突然、のどを通らなくなった。母親が理由を聞くと、テレビで中国の農作業の様子を見たのが原因だった。広い畑にすさまじい量の農薬がまかれる映像だったそうで、それを見ているうちに気持ちが悪くなり、それから、食事が出来なくなったそうだ。自分の

目の前の食事が、そこでできた野菜かもしれないと思ってしまって、怖くて食べられないという。

母親から連絡帳で、セラピーの依頼が来た。この子は一年前にも別なことでセラピーを受けていて、それ以来、廊下で会うと

「先生、元気？」

と声をかけてくる。

こちらの方が、「元気か？」と聞きたい立場なのだが、二人の間にはいつの間にかそういう習慣が出来ていた。優しく繊細な子で、人見知りなのだが、一度心を開いた人間には、とても人なつっこく話しかけてきた。

そんなわけで、ラポール（信頼関係）はすでに出来上がっている。このあたりが、自分の学校の子ども達のセラピーでは、大きな強みとなっている。

さて、八分のセッションだ。

「やあ、ご飯が食べられないんだって？」

「はい。テレビを見てから」

「そうか。じゃあね、ここをまず、トントンしてごらん」

と心理的なブロックを外して、すぐにセラピーに入る。

「じゃ、いやな気持がしたそのテレビをしっかり思い出してごらん。ちょっとの間辛いけど、ごめんね。しっかり思い出すと、しっかりとれるからね」

「はい」

「体のどこかいやな感じがするかい？」

「この辺がすごく気持ち悪い」

と胃のあたりを触る。

「分かった。それをなくそうね。初めにここをトントンして。そうそう、上手。次、ここね。はい、オーケー。それから、ここね」

と次々にタッピングポイントを示していく。最後に心臓を意識した深呼吸をして、終了。

「どう？　もう一度、テレビのこと思い出してごらん？」

「あ、もう気持ち悪くない」

「すっきりしたかい？」

「うん」

「お、よかったねえ。じゃ、給食がおいしく食べられるかな。もし、また変な感じがしたら、教えてね」

「先生、もう大丈夫だと思う。お腹が減ってる感じがしている」

「分かった。よかったね。じゃ、またね」

「先生、ありがとうございました」

「はい、どういたしまして。でもさ、先生が治したんじゃないんだよ。もともと君にそういう力があるんだよ。トントンはそれを引き出すためにしたんだ。ありがとうは、自分の体に言うといいかもね」

「はい」

「じゃまたね」

「ありがとうございました。失礼します」

そう言って、彼は部屋を出ていった。

ここまで、八分。

昼休みに担任から連絡があって、給食は見事に完食したそうだ。

この子は、またいろいろなことでダメージを受ける可能性があったので、一週間後、ゆっくり時間をとってカウンセリングルームに呼んだ。

セラピーの効果の確認とセルフケアを教えるためだった。あの時以来、食事に関しては問題がないことが分かった。そのことを思い出させて、体を使ったストレス度のチェックもしてみたが、大丈夫だった。

繊細な子というのは、マイナスの面から考えると、このようなダメージを受けやすい子であるが、逆の面からみると、他の命に対して、優しく気の配れる子でもある。どちらの面が出てくるか、ということが問題だと思う。もともと生まれ持った資質をプラスとして生かすには、マイナスの部分が出たときの処理方法を身に着ける必要があると思う。

つまり、もともとの青空に黒い雲が湧いたら、どうやって流すか、ということである　そのために彼には、ＴＦＴのトラウマのアルゴリズムを教えた。もう何度もやっているので、すぐにマスターした。ＴＦＴは、一度マスターすると、セラピストがいなくても自分でセルフケアができる。他のセラピーでは、専門家がそばにいないと、同じセラピーを繰り返すことは、難しいものが多いので、これはＴＦＴの特長の一つと言える。

自分へのコントロール感が持てると、人は自分の体や心に信頼感ができる。

正直に言ってしまうと、僕は、人は自分を完全にコントロールすることなどできないと思っている。心も体も得体のしれない部分があって、どんなに科学が進んでもその部分に触れることはできないような気がするし、触れてはいけない気がする。しかし、その一方で、自分の努力と才能によって、しっかりコントロールできる部分も間違いなくある。僕がコントロールするといっているのはこの部分である。

ＴＦＴ協会が東日本大震災の支援の時、被災した人たちの助けになるようにＴＦＴのセルフケアのやり方を説明したプリントがある。彼にはそれを渡し、説明して、もし嫌な感じがしたら、すぐに使うようにして、と話した。

彼は、すでにＴＦＴの効果を実感しているので、納得して取り組んでくれた。彼の状態は卒業までずっと良かった。途中、友達関係のことで悩みを抱えることもあったが、母親の話では、自分でタッピングをして元気になっていたそうだ。壁にぶつかった時に、それを乗り越えるルーティンができたことは本当に良かったと思っている。

彼には、自分の繊細さを自分の長所として、楽しみ、誇りに思える人になってほしいなあと思っている。

短時間でセラピーができること、セルフケアができること、自分の体をタッピングするだけなので、難しいことを考えずにやれて、副作用のないこと、そんなＴＦＴの特質は、今の学校の様子と相性が良いのである。

どんぐり亭とライアーのようにロマンチックな相性ではなく、ずっと現実的な相性だが、これもセラピーを選択する中では、大切なことだ。

おねしょとＴＦＴ

自慢できることではないが、もう他の本で告白してしまったから、今更隠すことでもない。僕は中学一年生までおねしょをしていた。

おねしょの前には、たいてい学校の古ぼけたトイレが夢の中に出てくる。ああ、間に合ったと安心して、思いっきりすると、ハッと夢から覚める。自己嫌悪の感情がもわっと湧いてくる。

おねしょの相談は昔からずいぶんあった。ＴＦＴと出会う前は、別の方法でやっていた。子ども達を少しでも楽にさせてやりたいと思って、いつも最後には、「実は先生も中一までおねしょしていたんだ」と話していた。担任していた子に話すと、面白がりながら、安堵の気配が見えるが、始めて会った子には、目の前のオジサンが、中一までおねしょしようが、しまいが、あまり関係のないことだったかもしれない。

おねしょのことでは、TFTの使い方が分からなかったので、森川先生に相談してみた。森川先生は、

「子どもって、進化する、進歩するって好きなんですよね。だから、そこに焦点を当てて、TFTを使ってみたらいいと思います。私はこれで自分の子ども達のおしめをとったんです」

ととても良いアドバイスをくれた。そして、タッピングポイントについても教えてくれた。

市内の宿泊学習のシーズンになると、おねしょのセラピーの依頼がとても増える。五件連続でおねしょの相談という年もあった。

今日の相談者は、市内の男子小学生のダイスケくん。高崎市では当時、新潟の笠島に海水浴の宿泊学習があった。「臨海学校」という。二泊三日で、六年生が泊まりにいく。

母親に連れてこられた大柄だけどかなり幼い感じの子だった。

「こんにちは。加藤です」

「こんにちは」

と小さな声で言った。

もう、何のために来たかよく知っているので、やっぱりちょっと恥ずかしそうだ。

いきなり、昔の切り札を出す。

「先生なんか、中一までおねしょしていたんだ。大丈夫、大丈夫。今日、ここでセラピーを習って

いけば、心配ないよ」

「……」

（また、外したかも……）

「あ、とにかく、大丈夫だからね。

おねしょの相談にくる子は多いけど、ふつうはおねしょって病気じゃないよ」

え、という顔をして僕を見た。

「だってね。赤ちゃんはみんなおねしょしているよね。赤ちゃんはみんな病気かい？違うよね。体と心がだんだん育って、やがて、おねしょがなくなっていくよね。

ダイスケくんも一緒なんだよ。体と心がだんだん育っていくとおねしょはなくなっていくんだよ。でも、それはどのくらい時間がかかるか僕にはわからない。明日なおるかもしれないし、一年後かもしれない。人によって違うんだ。

毎年、君の学校の校庭の花壇にチューリップが咲くよね。一番先に咲いたチューリップと一番最後に咲いたチューリップはどっちがきれい？」

「さ、最初？」

「いや、来年よく見てごらん。あのさ、最初に咲くチューリップも最後に咲くもどちらも同じようにきれいだと思わないかい。美しさは変わらない。

人の体も同じだよ。最初におねしょがなくなるのも最後になくなるのも、どちらも同じきれいな命だよ。

人は違っていていいんだよ」

とてもよく聞いてくれている。

「でもさ、来年だと君の心配に間に合わないから、今日は、その君の体を一気に進化させて、大人にしようか。

ダイスケくんってポケモン好き？」

「うん」

事前の母親へのリサーチでポケモンの大ファンだということを知っていた。

「ピカチュウだって、進化してライチュウになるでしょ。君もここでライチュウになろうね」

目に光が出てきた感じがした。

「じゃ、始めるよ。

まず空手チョップの場所をトントンするよ」

動きが止まっている。

(あ、最近の子は空手チョップは知らないか。力道山の時代とは違うよね)

すぐにやって、見本を見せる。ダイスケくんは同じように真似を始めた。

「ちょっと嫌だけど、おねしょのこと考えてくれる？

進化するためだから、やってみよう。

じゃ、眉の端をトントンするよ。そう、次は、目の下、ここだよ」

とガイドしながら、進む。

森川先生のアドバイスの通り、トラウマのアルゴリズムに恥や罪悪感のアルゴリズムを加えた。

「今度は、進化した自分を思ってみて。それで、タッピングしてみよう」

進化した、おねしょしなくなった自分を思って、自分に良いイメージを持てるアルゴリズムでタッピングした。

TFTをやっていて感動するのは、タッピングポイントがうまく合うと、心の鍵がカチンと開いて、顔色がパッと変わるときだ。

ダイスケくんの今まで青白く暗かった顔が、パッと華やいで、ピンク色に変わった。

(やった！) そう思った。

一通り、終えて、

「ダイスケくん、目をつぶって、胸に手を当てて、自分に聞いてみてくれるかい？　もう大丈夫かいって」

「……」

神妙な顔で自分に聞いているようだ。

「なんか言ってた？」

「うん。もう大丈夫だって言ってる」

普通に考えるととても変な問いかけで、おいおいと思うが、セラピーの中で、自分に問いかけると、たいていの人は心の中の自分の反応を感じて、答えてくれる。

この時のダイスケくんも、はっきり感じたようで、しっかりとした返事が返ってきた。

(もう大丈夫だな)

そう思って、セラピーを終了した。

一週間後、彼から直接、電話があった。

二日間とも失敗なく行けたととてもうれしそうだった。少ないお小遣いを工面して、僕にお土産まで買ってきてくれたらしい。

「ダイスケくん、ピカチュウからライチュウに進化したね。

すごいよ。君の力は。

君はどんどん進化する力をちゃんと持っているんだなあ」

たかが、おねしょ、されど、おねしょ。

一つの課題を乗り越えると、様々なことを乗り越える勇気が湧いてくる。人間は、何度も何度も課題を乗り越え、ピカチュウ以上に進化して生きていく生き物だと思う。

ダイスケくんの健闘を祈る。

人間関係を楽にする

車酔いに母子分離不安、摂食障害におねしょ、いろいろな状況でTFTを使ってきたけれど、子ども達の相談で圧倒的に多いのは、やはり人間関係のトラブルだった。親たちの悩みの多くも、親子や学校の人間関係に関わるものだ。部活やクラスでいじめを受けて学校が怖くなって不登校になった子や、県内有数の進学校に通いながら、自分の能力が周りから劣ると思い込み、友達や先生とうまく関係が作れず、行けなくなった子。小学校低学年の友達関係のトラウマをずっと抱え、友達を作ることを拒否する子。互いに愛情があるのに、愛情のキャッチボールがずれていく親子……。

みんな人間関係には相当に苦労する。それはつまり、コミュニケーションの苦労だ。でもだからこそ、伝え合えた喜びも大きい。

しかし、現実にはその人間関係のコミュニケーションでダメージを受け、本来の自分を取り戻せない人たちがたくさんいる。大人にも子どもにも。そんな人たちにTFTを使ってきた。

人の心はマイナスでぎっしりだと、目の前にプラスのものが通っても、それを取り込むことができない。TFTは、不安でぎっしりだった心に隙間を空けることができる。そして、その隙間にプラスのものが入ることができれば、生きる希望が湧いてくる。すべてを解決する魔法のアイテムではないけれど、心に少しでも隙間つまり余裕ができることは立ち直るために大きな力になる。

「こんなこと言っていいのかわからないですけど、先生、私は自分の子が可愛いと思えないんです。

憎しみしかないんです。愛情がないんです。母親失格なんです」

といいながら、号泣するお母さんは何人もいた。

不登校の我が子を何とかしようと必死で支えても、我が子は、その代わりに親の胸をえぐるような言葉をぶつけてくる。夜、母親は一人になると「こうなったのは自分のせいだ」と自分を責める。気持ちをもう一度立て直して、子どもに関わる。するとさらに厳しい我が子の態度に出会う。疲れ果てて、自分の青空を見失う。

子どもに愛情がない人が、この状況を何とか変えようとして、わざわざ貴重な自分の時間を使って、僕に会いに来るわけがない。

親子関係は、関係が深いぶん、良きにつけ悪しきにつけ、感情の振れ幅が大きいだけだ。

「親だって、人間です。目の前の子どもの状態を見て、そんな気持ちになることはいくらでもありますよ。

愛の反対言葉は何だかわかります？」

「憎しみ……ですか」

「そう思いますよね。でも違うんだそうです。愛の反対言葉は、無関心です」

「無関心？」

「憎しみはその人に無関心でないから出てくる感情です。

あなたが、今の息子さんの状況を何とかしたいと思って、自分の限りある命の時間を使って、今、ここにいること。それが、息子さんへの愛情の表れではないですか。大丈夫、きっと良い方向に進みますから、一緒にやってみましょうね。

TFTって聞いたことありますか」

「いえ」

「ちょっとユニークなセラピーですけど、自分の体のツボをトントンすることで、心の辛さを軽くすることができます。

失敗したって、副作用はありませんから、ただ十分時間を損するだけです。うまくいけば、気持ちがずいぶん楽になると思います」

「あなたが希望するなら、ちょっとやってみますか」

「はい」

「じゃ、まず、さっき話してくれた息子さんへのつらい気持ちを考えて下さい」

「……」

「体のどこかに変化が出ますか」

「胸のあたりがしめつけられます」

「はい。じゃあ、そこに息子さんへのつらい気持ちを全部集めて下さい」

「……」

「集まりましたか」

「はい」

不思議だけど、ここで大抵の人が気持ちを集めることができる。冷静に考えるとかなりおかしなことを言っている気がするけど、みんな集められる。人間て不思議だ。

「じゃ、始めますよ」

「まず、手の横、ＰＲスポットというところをトントンします」

「先生、どっちの手ですか」

「あ、どちらでも大丈夫。好きな方をやってね。これからいろいろな所をトントンするけど、目とか、脇の下とか、二つあるものは左右どちらをやってもいいですよ」

「はい」

「息子さんへの辛さをしっかりそこに集めておいてね。

　眉がしらをトントンするよ。五回ね。はい。次、目の下ね。同じく五回です。次は脇の下。ここは本当の脇の下から十㎝、手のひら一個分くらい下です。そう、そこ。次は鎖骨の下、指を喉に当てて。そのまま下にいくと、へこんでいるところがあるでしょ。そこから二㎝くらい下。そう。そして、右か左の好きな方へまた二㎝くらいいってみて。はい。そこを五回トントンします」

トラウマのアルゴリズムを使う。

「ちょっと、さっきのその胸のところの辛さを考えてみて。どう？　少しぼんやりしたり、考えにくくなったり、軽くなっていますか？　あ、僕に気を使わないでね。（笑）正直に言ってね」

「あ、軽くなっています」

ここで、お母さんの顔色が少し明るくなる。

「そう。じゃ、効いているみたいだから、続けますね。ナインガミュートというのをやるよ」

全部が終わるまで、数分間。

「最初に、辛さが十点満点の十点といったけど、今は何点かな」

「うーん。二点くらい」

「あ、よかったね。十点が二点になれば、だいぶ違うよね。心にスキマが空いたら、良いものが入ってくるよ。でも、せっかくだから、もっと減らしちゃおうか。

心臓に手を当てて、そして、鼻から息を吸って、口からストローのように細く出すよ。

五秒吸って、五秒吐くよ。ゆっくりね。

せーの、一、二、三、四、五。吐くよ。二、二、三、四、五。吸って、一、二、三、四、五、二、二、三、四、五。

うん。上手。

じゃ、今度は、それをやりながら、心臓すれすれを息が入って、心臓すれすれを息が出て行くことをしっかりイメージしてやってみて。」

「はい」

「いくよ。一、二、三、四、五。心臓だよ。二、二、三、四、五……」

十回ぐらいやる。

「どう。今の辛さは、何点ぐらい？」

「あー。すごい！もうなくなったみたいです」

「それは、良かった。じゃ、トントンのやり方はここに書いてあるから、この通りにしてみて。冷蔵庫とかに貼って、何かつらさが来たら、すぐやるといいですよ。毎日たまってくるからね。

もし、突然もとにもどっちゃうようなことがあったら、その日に食べたものを詳しく思い出して、記録して、僕にすぐ連絡を下さいね」

「本当に、ありがとうございました」

「うん。玄関まで一緒に行きましょう」

そう言って、カウンセリングルームを出る。

学校のカウンセリングルームは二階で、扉を閉め、階段を降りる。相談者の力の抜けたふわあっとした気配を感じながら、途中の踊り場でぽつんと言う。

「心がすっきりすると気持ち良いよね。これからも心地良さを意識するといいよ」

「はい。本当にありがとうございました」

実は、この瞬間は相当大切だと思っている。セラピーを受けにきた人は、大抵緊張している。自分が歯医者さんに行った時のことを思い出すと分かる。痛いのが苦手な僕は、緊張しっぱなし。ＴＦＴと出会う前は、本当に辛かった。歯医者さんの治療室から出て、扉を閉めた瞬間、心と体がほっと緩むのが分かる。整体や武術では、その瞬間を狙って、術を入れるのである。

セラピーでは、この瞬間がそれだ。

いつもじゃないけど、この人には入れておいたほうが良いと思ったら、相談者の気持ちが緩んだこの一瞬に、その人に合った希望の一言を送り込む。

けっこうみんな覚えていて、「あのときの一言に救われました」なんてメールも時々来る。それはそれでうれしいけど、本当は、反応がないほうがうまく入っている。

この場合の反応がないのは、意識を通り越して、無意識に入ったということだから。エリクソンの催眠療法や野口整体の潜在意識教育の方法に近い。

こんなことというと、この本を読んでからセラピーに来る人は、セラピーが終わって、階段の瞬間まで緊張しているかも知れない。でも大丈夫。さらに他の方法を見つけてあるからね。

『どんぐり亭物語』の冒頭で、相談者が珈琲ミルを回す音で、その人の心理状態が分かることをと書いたら、(ほんとに何となく分かる) セラピーでなくて、ただ遊びに来た人までこわごわミルを回し、

「私、どうでしょうか?」

と聞いてくるようになって、この方法が使えなくなってしまった。こうなるともう分からない。その人の心の深層を知るには、その人が意識していない行動を見つけるのが大切だ。

失敗。失敗。だけど今回は大丈夫。たぶん。

「砂に埋める」と「乗り越える」の違い

ＴＦＴで処理すると、その後にさらなる課題が出てくることもある。

中学二年生で不登校になり、相談に来た子は、最初、「今のクラスの友達に無視されたのがいやで、学校に行きたくなくなった」と話していた。今そこで、ＴＦＴのトラウマのアルゴリズムを使うと、すぐに苦痛の指数は０に下がった。

「心の中を見回してみて。もう、つらいことはなくなったかい？」

と尋ねると、

「小学校の二年生の時に、クラスの子に上履きを隠されたのに、私がなくしたことにされてすごく悲しかった」

と、今まで忘れていたことが出てくる。すぐにトラウマのアルゴリズムで処理する。しかし、苦痛の指数はさっきほどは落ちない。怒りと羞恥心のタッピングポイントを付け加えて、もう一度やる。すると、今度は０になった。

すると、

「五年生の時、給食当番になって私が配ったら、男子がいやな顔をした」

と言い出す。さらに続けて、それにＴＦＴを使って、０にする。

その子の話を聞きながら、教員としての自分がムクッと頭をもたげ、「その時、担任やクラスの子は何とかできなかったんかい！」とか思うこともある。このどれか一つでも、もし本当に自分のクラスで起きたら、僕は教え子たちをただじゃおかない。徹底的に指導する。そして、そんなクラスを作った自分を責め、相当落ち込むだろう。

ただ、学校の日常に照らして思うと、その子のいうことが必ずしも事実とは限らない場合もよくある。それにしても、その子にそう思わせてしまったことが問題なのだ。納得いくまで話し合って、指導して、笑顔で解決していれば、そんな記憶のすり替わりは起こらないだろう。

事実はどうあれ、その子の記憶の中では、そうなっていることが問題なのである。今更、確かめようのない事実を客観的に分析するのではなく、その子の思いに寄り添うことでセラピーは成り立つ。

「相手の枠組みで会う」ということだ。

相手の枠組みで会って、浮かんでくるつらさを次々に処理して、終わりにする。

苦痛の指数が落ちないときは、アルゴリズムの上のレベルを使う。ＴＦＴでは、アルゴリズムレベルの上にＤＸレベル、さらにＶＴレベルがある。臨床の中で、多くの人に効果ありと認められたパターンがアルゴリズムで、それで効き目がなければ、その人の体を調べて、その人だけのタッピングのレシピを作る。それがＤＸだ。さらにそれが、電話で出来るようになっているのがＶＴレベルだ。

僕のイメージでは、相談者の心に湧く無数の黒雲を、彼らと協力して一緒にタッピングで一つ一つ消していく感じだ。あるいは、タマネギの薄皮を一枚、一枚、剥いていくような感じだ。

そして現れてくるその人の心の青空。

それが、自覚できた時に、その人は動き始める。

その姿は本当に感動的だ。

ただ、黒雲をすべて消してしまえば良いわけでもないと思う。もともと人生は山あり谷ありでいろんな思いを経験しながら、自分というものを仕上げていく修行の場だ。その中で起こるすべてのことは自分の糧となる。つらいことも楽しいこともみんな自分を育てるもとになる。

いつも他人に良いことをしていると自分に良いことばかりが起きるわけではない。どんな良い人にも過酷な試練がくる。意地悪な人にも良いことは起きる。それは、人の力でコントロールできないものだ。その試練が起きた後に、そのこととどう向き合うかが「幸せ」を作ると僕は思っている。

それには、「悲しみ」も心の仲間にする必要がある。例えば、拙著「６５点の君が好き」で書いた大好きな校長先生にした自分の恩知らずな不義理、「どんぐり亭物語」で触れた不登校が治らなかったユキオ、時々思い出しては、情けなくてたまらなくなる。

とても今は書けないけど、これまで担任した大好きだった教え子たちの死。

そんな自分自身の悲しみをＴＦＴを使って軽くすることが、たぶん僕にはできる。

でも、やらない。

この悲しみは、僕が生涯向き合って、背負っていくべきものだと思うから。あと少しは苦しめると思うから。

そして高所恐怖症。小さいころから今まで、高い所が苦手で足がすくむ。一応、樹木の医者のはしくれで、はしごやロープを使って天然記念物の樹に登って、チェーンソーを使ったり、薬をつけたりする。怖い。すごく。

でも、高所恐怖症は、ずっと小さい頃から自分を形づくってきたもので、いろんな思い出がこの面倒な性質と一緒にある。何だか、長い人生を共に歩んできた戦友みたいなもので、消さないで取っておいてある。

ＴＦＴは、この手のものは得意中の得意なので、使えばきっと跡形もなく消えるだろう。それはなんというか、ちょっと寂しい。(笑)

でも、あまりに試練が大きすぎて、動きがとれなくなることがある。心の青空がすべて黒雲でおおわれたような状態だ。僕の所にセラピーを受けに来る人は、そんな人たちだ。だから、ＴＦＴを使って黒雲を消す。これは必要なことだと思う。スキマが空けば、問題解決のために動けるようになる。最後は動けるようになった自分の力で、試練に立ち向かい乗り越える。

あまりにつらかったら、すぐに立ち向かう必要はない。逃げていい。自分の力が溜まるまで待っていい。心の中でその試練に砂をかけ、見えないようにすっかり埋めてしまえばいい。

時間は最高のセラピストだ。

時間をたっぷり使って力を溜めたらいいと思う。だけど、そのままで終わることは決してない。それは乗り越えたのではなく、そのままただ見えないように埋まっているだけだからだ。その課題はいつか時と場所を変えてきっと現れてくる。あなたはその砂に埋めた試練に立ち向かわなくてはならなくなる。その覚悟だけはしなくてはいけない。

前述の女子中学生のように、いつかは立ち向かって、自分らしく乗り越えてほしい。

そのために僕は、今日もＴＦＴを使う。

予防としてのＴＦＴ

新しい小学校に移った一年目。六月のある日の放課後、職員室の電話が鳴った。

事務の先生が受話器を取る。

嫌な予感がした。

（もしかして、また？）

「あ、今管理職の先生がいませんので、生徒指導主任の先生に代わります。

　加藤先生、電話です」

（え。やっぱり）

「はい。お待たせしました。生徒指導の加藤です。え、はい。あーそうなんですか。いや、本当に申し訳ありません。はい。はい。そうですよね。すみません。子どもたちにはすぐに指導します。はい。はい。分かりました。今後とも子ども達をよろしくお願いします」

小学生が学校の前の歩道で、ふざけっこをして飛び出したそうだ。もう少しでひいてしまう所だったと、とても興奮した女性からの電話だった。車を止めて、窓を開け、「気をつけなさい」と叱ったが、学校でも十分注意してほしい、との話だった。

事故にならなくて、どちらにとっても本当に良かった。

翌日、朝会で話し、各クラスで聞いてもらうことにした。

もちろん、自分のクラスでも聞いた。

「……ということなんだけど、自分だという人はいるかい？」

「はい」

ちょっと困ったような顔をしながら、二人の男の子がすぐに手を上げた。

（やっぱり！）

体中の力が抜けた。

この子たちは、本当に素直で、こんな時も自分のしたことを隠さない。僕が聞くといつも正直に答えてくれた。このクラスのそんな所が大好きだった。でも……。

新しい学校に転任して来て二ヶ月目。

放課後、立て続けにクレームの電話が入った。

通学路の近くの家の庭に入って、アンズの実をもいで投げっこしたとか、田んぼに入って、苗を踏みつぶしたとか。

調べてみると、ほとんどが僕のクラスの子だった。

事情を聞くと、蜂がブロック塀にとまっていたからやっつけようとした、とか、田んぼの中にレアカードが浮いていたから取ろうとした、とか彼らなりの子どもらしい理由があるのだが、とても面白がれる余裕はなかった。

本来学校の見本となるべき生徒指導主任のクラスで次々に起こる放課後の騒ぎに、僕は考え込んだ。

(参ったなあ〜。なんでうちのクラスばっかり、こんなことが起こるんだろう)

ベテランの先生が、

「加藤先生、塩まいた方がいいよ」

と笑いかけてくれたが、笑顔になれず、本気で教室に塩をまこうかと思った。

(なぜだろう?)

自分の四月からの指導ノートをゆっくり見直した。

そこに現れた自分の気持ちに愕然とした。

(焦ってる!)

前年より、予定を早めて次々に学級経営を進めている。早く良いクラスを作って、新しい学校の先生や親たちに認められたい。そんな気持ちが透けて見えた。

(これだな。子ども達の問題行動の原因は。何年やっても情けないやっちゃ)

子ども達の話をじっくり聞いて、子ども達と話し合いながら、学級経営を進める。異質なものをけっして排除せず、その良さをアピールしてクラスに取り込む。これが僕の学級経営のスタイルのはずだった。

しかし、指導ノートには、急ぐ割に遅々として進まない学級へのいらだちがあった。自分のことだけを考える指導者ほど恐ろしいものはない。

子ども達はそれを感じとり、常にストレスを受けていたのだと思う。学校へ来て、僕のストレスを受けることが、子ども達の問題行動の大きな原因だと思った。

(ごめんね。何とかしなくちゃ)

子ども達が学校で受けたストレスを家庭に持って帰らない、学校の最後の時間で処理する方法。今日の車内反省会のテーマはそれだった。

僕は、いつも帰りの車の中で反省会を開く。学校で起きたつらいことを家に持ち帰らないためだ。家族にダメージを与えないように、コンビニの駐車場で自分にセラピーをかけて、元気にする。そんな時もカウンセリングの電話がかかってきて、対応することもよくある。それが重たい時はまた、自分にセラピーをかける。

深呼吸や気功法、認知行動療法、アファーメーション、TFT、活人術、その時の気分でいろいろ使うが、一人で使う時は、TFTが一番多い。

恒例の反省会で、子ども達の日々のストレスの解消法を考えた。

セブンイレブンのジャスミンティーを一口飲んだ途端、突然、ピーンと降りてきた。

（あ、なんだ。これをやればいいんじゃん）

そうなんだ。自分が今やっていることは、子ども達が家にストレスを持ち帰らない方法と同じものだった。


翌日から、帰りの会に一項目加えた。

みんなに謝った。

「みんな、ごめんね。先生、みんなを早く良い子にしようと焦って、みんなをいやな目にあわせていたことがあったと思う。ちょっと急ぎ過ぎちゃった」

「……」

子ども達は一体先生は何を言い出したのか、と不思議な顔をしている。ただ、僕の真剣さだけは感じとって、みんなじっとこちらを見て、聞いている。

「もっと早くしなさい！とか、もう高学年なんだからとか、君たちの良いところを見ようとしないで、悪いところばっかり見てた。

これからは、みんなの良いところをたくさん見つけるからね。でも、悪いことをしたら、もちろんしかるよ。

先生の仕事は、良いことをほめて、悪いことをしかることだからね。

そしてね、先生のことだけじゃなくて、友達のことや勉強のことでも今日はいやだったなあ、と思うことがあるでしょ。

そんな気持ちのまま家に帰ったら、君たちの帰りを楽しみに待っている家の人に悪いと思うんだ。だからさ、学校であったつらい気持ちをすっきりしてから帰ることにしないか？」

「うん。それいい！」

「やりたいです」

「どうやるの？」

「みんなで、ベランダでわーっていうとか」

おおむね、賛成の気配だ。

「うん。そんなのも良いけど、先生がやっている方法でＴＦＴというのがあるんだ。みんながつらい出来事に会うと、ずっと前にあったことでも思い出すとつらくて涙が出たり、苦しい気持ちになるよね」

強くうなずいている子がいる。

「それは、そこにつらいトゲがささっているかららしいんだ。そのトゲを取る方法がある。

ただ、自分の体をとんとんするだけだから、難しくないよ。ちょっとやってみないかい？」

「うん。やるやる！」

もともと乗りの良いクラスだった。

「じゃ、教えるよ。まず、手の横、この部分を十五回、こんなふうに優しくトントンするよ。そうそう。

上手いぞ！

　今日あった一番つらかったことを思い浮かべて」

「あ、掃除の時、ケンカした」

「先生に怒られた」

「漢字のテスト、間違えた」

「えー。何もない……」

みんなが一斉に言う。

「あー。みんなね、それ口に出さなくていいから。思うだけで大丈夫だよ。それから、なにもなかった人は、幸せな一日だったね。そしたら、一番楽しかったことを思い浮かべてごらん。もっと幸せな気持ちになるよ」

幸せな記憶は、タッピングしても幸せ感が消えない。自分でも実証済みだ。そればかりか、記憶が鮮明になって幸せ感が増える感じがする。つらいトラウマと幸せな記憶は違う場所に保存されているのかも知れない。

「はい。じゃあ、ゆっくりやるからね。まず、眉毛の先、ここだよ。隣り同士向かい合ってごらん。相手の場所が合っているか、チェックしてやって。

　そうそうそこ、つらい事を考えながら、そこをトントンと五回たたくよ。軽くね。

うーん。上手。じゃ次行くよ」

トラウマのアルゴリズムを使った。

今は、しあげは森川先生から教わったサンシャイン呼吸法を使っているけれど、その当時はアイロール（ＴＦＴチラシ参照）を使った。

「はい。おしまい。

　みんな、どう？」

「すっきりした！」

誰かが叫ぶ。

「ああ、気持ちいい」

「ほんとにいやなのなくなった」

ＴＦＴの章の冒頭で紹介した六年生の車酔いセラピーもそうだったけど、子どもは特に周囲の影響をとても強く受けるので、肯定的な空気が支配すると、「効いてるかどうか、本当はよく分かんない」と言う子まで、良くなる。

「みんなの心の青空をとりもどす方法だから、これからは青空チェックって呼ぶね」

子ども達はみんな笑顔で帰っていった。

出来過ぎな安物ドラマのようだが、その日から、放課後の電話は全くかからなくなった。

僕の心が変わったからか、青空チェックのおかげか、本当のところは分からない。でも、それから毎年、毎日、帰りの会の最後には青空チェックが入る。そして、あの時のような事件はもう起こらない。

子どもは笑顔で帰っていく。

朝、子どもの顔が浮かないとき、ちょっと呼んで話を聞くと、家でのトラブルがあったという。そんな時は、青空チェック家庭版だ。朝の会でそれをやり、家庭でのダメージを軽くしてから、授業に入る。

ある親から連絡が来た。

「加藤先生、本当にありがとうございます。昨日、私と主人は激しい夫婦げんかをしてしまいました。私が泣いていると、息子がやって来て、先生から教わったから一緒にやろうと、青空タッチ（子どもの伝言ゲームと同じで、家庭に着くまでにちょっと変わっちゃってる。チェックが正解。でもこの名前もなかなかいいな）を教えてくれました。

トントンの効き目か息子の優しさのおかげか、心がすっきりして幸せな気持ちになりました。素敵なことを息子に教えていただいて、感謝しています」

二人が鏡になってトントンしている光景が浮かんで、僕はとても幸せな気持ちになった。

ＴＦＴの使い方

森川先生と日本ＴＦＴ協会のおかげで、本書にその手順の一部を掲載することができた。これまで事例を紹介してきたが、手順を最初から最後までは載せなかった。

ここにまとめて掲載するので、関心を持たれた方はぜひ試していただけるとうれしい。

つぼトントンで元気《げんき》になってね

不安《ふあん》なとき、つらいとき、体《からだ》がこっている・痛《いた》いときのツボ打《う》ち

トントンするときは、軽《かる》くでもしっかりと二本指《にほんゆび》でたたきましょう。
左右《さゆう》あるポイントは、片方《かたほう》だけのトントンでかまいません。

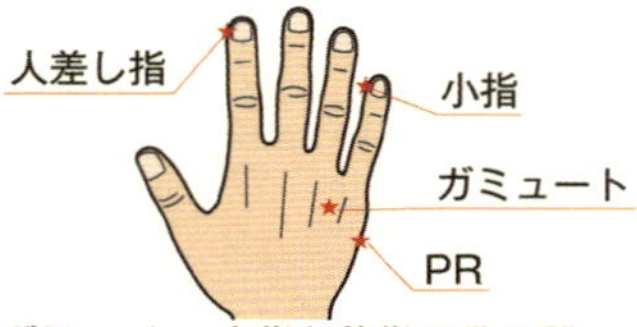

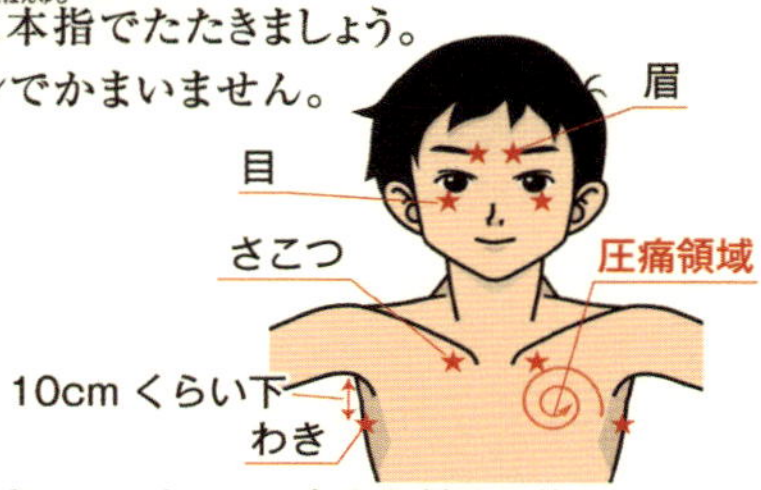

ガミュート…小指と薬指の骨の間
PR…手のひらの横の真ん中あたり
小指・人差し指…爪の横（親指側）

さこつ…さこつの角から斜めに約2センチ下
圧痛領域…胸の上の方の筋肉の盛り上がり

不安《ふあん》なとき	自分《じぶん》を責《せ》めてしまうとき	怒《いか》り、イライラするとき	体《からだ》が痛《いた》い、こっているとき
↓	↓	↓	↓
圧痛領域《あっつうりょういき》をさする			
↓	↓	↓	↓
①眉《まゆ》②目《め》 ③わき④さこつ 順番《じゅんばん》に5回《かい》ずつトントンする	①人《ひと》差《さ》し指《ゆび》 ②さこつ 順番《じゅんばん》に5回《かい》ずつトントンする	①小指《こゆび》 ②さこつ 順番《じゅんばん》に5回《かい》ずつトントンする	①ガミュートを50回《かい》トントンする ②さこつを5回《かい》トントンする
↓	↓	↓	↓
ガミュートをそれぞれ5回《かい》ずつトントンしながら行《おこな》います。目《め》を閉《と》じて→目《め》を開《あ》けて→顔《かお》はまっすぐのまま、目《め》だけで右下《みぎした》を見《み》る→そのまま左下《ひだりした》を見《み》る→目《め》を1回転《かいてん》させて→目《め》を反対《はんたい》回《まわ》りに1回転《かいてん》させる→ハミング（「咲《さ》いた咲《さ》いた」等《など》）→1から5まで数《かぞ》える→ハミング（「咲《さ》いた咲《さ》いた」等《など》）			
↓	↓	↓	↓
①眉《まゆ》②目《め》 ③わき④さこつ 順番《じゅんばん》に5回《かい》ずつトントンする	①人《ひと》差《さ》し指《ゆび》 ②さこつ 順番《じゅんばん》に5回《かい》ずつトントンする	①小指《こゆび》 ②さこつ 順番《じゅんばん》に5回《かい》ずつトントンする	①ガミュートを50回《かい》トントンする ②さこつを5回《かい》トントンする
↓	↓	↓	↓
最後《さいご》にアイロール：ガミュートをトントンしながら、目《め》だけで床《ゆか》から天井《てんじょう》まで10秒《びょう》くらいかけてゆっくり見《み》ていきます。顔《かお》を動《うご》かさないようにね！			

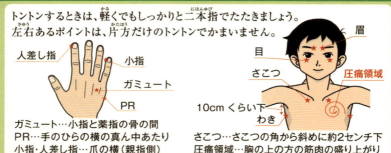

短時間《たんじかん》でも良《よ》い眠《ねむ》り、体《からだ》を温《あたた》めるためのさこつ呼吸法《こきゅうほう》

1 人差《ひとさ》し指《ゆび》と中指《なかゆび》の**二本指《にほんゆび》をさこつのポイントにあて、親指《おやゆび》が体《からだ》に触《さわ》らないようにし**て、ガミュートをトントンしながら5段階《だんかい》呼吸《こきゅう》をします。

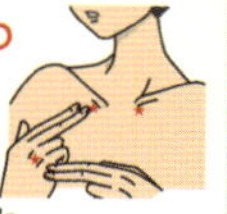

2 今度《こんど》は**こぶしにして、さこつのポイントにあて**、ガミュートをトントンしながら5段階《だんかい》呼吸《こきゅう》をします。この時《とき》も親指《おやゆび》を体《からだ》に当《あ》てないようにしましょう。

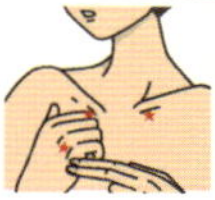

3 そのまま**こぶしを反対側《はんたいがわ》のさこつのポイントにあて**、ガミュートをトントンしながら5段階《だんかい》呼吸《こきゅう》をします。

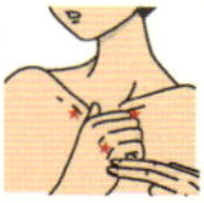

4 そのまま**二本指《にほんゆび》に戻《もど》して**、ガミュートをトントンしながら5段階《だんかい》呼吸《こきゅう》をします。

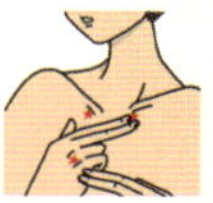

5 今度《こんど》は**手《て》を替《か》えて、二本指《にほんゆび》をさこつのポイントにあて**、ガミュートをトントンしながら5段階《だんかい》呼吸《こきゅう》をします。

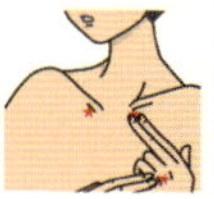

6 そのまま**こぶしにして**、ガミュートをトントンしながら5段階《だんかい》呼吸《こきゅう》をします。

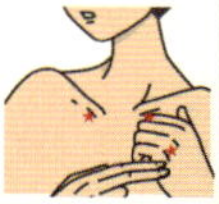

7 **こぶしのまま反対側《はんたいがわ》のさこつのポイントにあて**、ガミュートをトントンしながら5段階《だんかい》呼吸《こきゅう》をします。

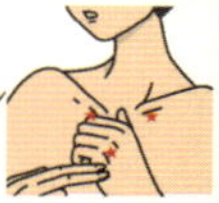

8 最後《さいご》にそのまま**二本指《にほんゆび》に戻《もど》して**、ガミュートをトントンしながら5段階《だんかい》呼吸《こきゅう》をします。

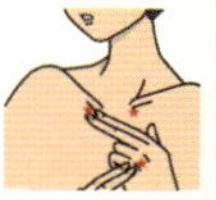

さこつ呼吸法《こきゅうほう》:基本《きほん》の動《うご》き

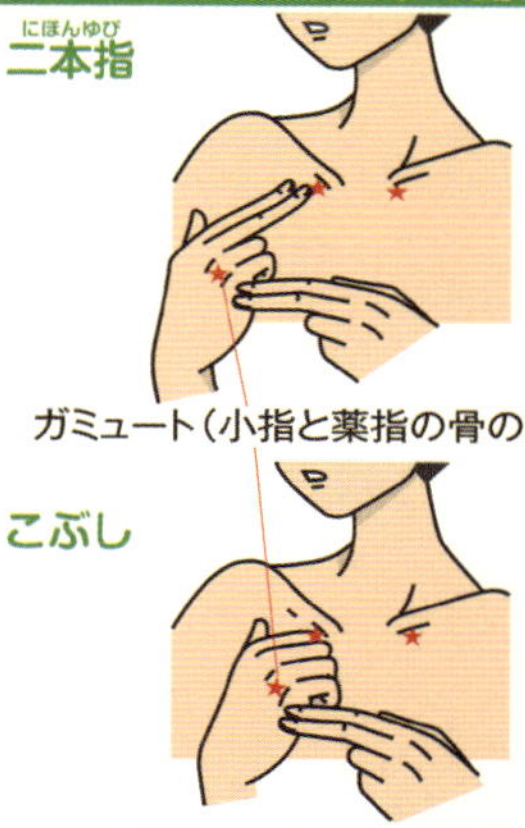

5段階《だんかい》呼吸《こきゅう》

ガミュートをトントンしながら行います。

普通《ふつう》呼吸《こきゅう》で5回《かい》トントン
↓
大《おお》きく息《いき》を吸《す》って止《と》めて5回《かい》トントン
↓
半分《はんぶん》息《いき》を吐《は》いて止《と》めて5回《かい》トントン
↓
全部《ぜんぶ》息《いき》を吐《は》いて止《と》めて5回《かい》トントン
↓
半分《はんぶん》息《いき》を吸《す》って止《と》めて5回《かい》トントン

つぼトントンってなあに?

心身《しんしん》の健康法《けんこうほう》「TFT《ティーエフティー》（思考場療法《しこうばりょうほう》®）」です。突然《とつぜん》の怖《こわ》い出来事《できごと》で、気持《きも》ちが沈《しず》んだり、緊張《きんちょう》したり、眠《ねむ》れなくなったり、疲《つか》れたり、不安《ふあん》になったりしたときに、トントンと自分《じぶん》でつぼ打《う》ちしてあげると、体《からだ》が温《あたた》かくなって回復《かいふく》に向《む》かいます。

一般社団法人 日本TFT協会
〒104-0028 東京都中央区八重洲2-4-10
第一幸田ビル2F Wis Square Asia
TEL.03-5201-3632 FAX.03-5201-3712
http://www.jatft.org

ＴＦＴのアルゴリズムは、その症状に合わせて２０パターンほどある。このチラシは、もともと東日本大震災の被災者を支援するために作られたものだ。被災した子にもっとも起こりやすい感情が抜粋されている。特に、一番左のトラウマ、不安のアルゴリズムがよく使われる。

ＴＦＴを子ども達に説明するのに、どんな例えが覚えやすいかなあと思って、モスバーガーに入って考えていたら、目の前にあった。ＴＦＴは、ハンバーガーの形をしている。最初に「ホロン」と呼ばれるタッピングのまとまりがある。（チラシでは、赤字の眉、目、わき、さこつなど）次にナインガミュート（チラシでは、赤字のガミュートの部分）、そしてまた同じホロンの繰り返しになっている。

上から見ると、まずバンズがあって、その下においしいパテ、最後にまた同じバンズ。ハンバーガーそっくりだ。

基本的にはこれで十分。さらに関心を深められた方は、どうぞ日本ＴＦＴ協会の門をたたいてほしい。

四、風に吹かれて

青森からの風

保江先生の対談に招待されて、横浜へ行った。先生の招待はいつも唐突だが、誘いに乗るときっと面白いことがある。だから、よっぽどスケジュールが調整できない時以外は断らない。楽しみで仕方ない。

五千人が収容できる横浜の巨大な会場は、ほぼ満員で、大変な盛り上がりだった。

指示されたように、エレベーターで上に行く。扉が開くと、講師控え室だった。保江先生が迎えてくれて、

「おお、加藤さん、よく来たね」

と中へ案内してもらった。保江先生に連れられて、部屋の奥へ。

そこにいたのは、保江先生の今日の対談相手で、僕が前々から尊敬して止まない一人の男性だった。

「やっと、会えました。初めまして、群馬の加藤です」

指に巻きつくゴーヤ

「あー、どうも。木村秋則です」

と青森弁丸出しのイントネーションで彼は言った。

木村秋則さん。多くの科学者に絶対に不可能と言われたことをやり遂げた男。全く農薬を使わない自然栽培法を発見し、完全無農薬のリンゴを育てた男。リンゴの原種は、もともと小さく味も悪く、人が食べるには向いていないものだった。それを苦心の末、品種改良を重ね、今のような大きな美味しいリンゴができあがった。原種から大きく離れたリンゴは虫や病気に弱く、農薬なしでは決して出来ないと言われた。出荷まで、普通十回の農薬がかけられる。そのおかげで僕らは美味しいリンゴが食べられる。それをなくすことは常識では考えられない。

それゆえ、彼のリンゴは「奇跡のリンゴ」と呼ばれる。最近は「奇跡」という言葉がだいぶ安売りされているが、木村さんのリンゴは本物の奇跡だ。

彼と彼の家族が、命をかけて育てた命の「奇跡」そのものだ。

詳しくはたくさんの本も出ているし、映画にもなっているから、興味のある方は是非、調べて欲しい。

「木村さんの本に書いてあった通り、キュウリのつるに指を出したら、ちゃんと巻きついてくれました。感動しました」

「おー、そうか。まきついたか」

「巻きつかなかったら悲しいから、朝一人で試しました。巻きついて良かったです。学校で育てているゴーヤも来てくれました。」

「おー、えがったな」

こんな会話、訳が分からないと思うけど、木村さんの本の中に、育てているキュウリのつるに木村さんが指を出すと、まるで子犬が飼い主を慕って、飛びついてくるように、シュッとつるが巻きついてくるという話が載っていて、信じられなかった。

そこには巻きつく人と巻きつかない人がいるとも。いつも水をやっている奥さんには巻きついて、出荷してもうけることばかり考えている旦那さんには巻きつかなかったとか、ある団体の一番えらい人には巻きつかなかったとか……。だから、どんぐり亭で試した時は、すごく緊張した。木村さんのように一瞬ではなかったけど、動くのがはっきり見えるスピードでスルスルと人差し指に巻きついてくれた。嫁さんに自慢しようとしたら、彼女にも巻きついていた。

何だか、可愛くて、胸が一杯になった。あまりしっかり巻きつくので、指を引き離すとき、なんか裏切るようで、(ごめんね)と思った。

人体の熱の反応でそうなる、とか、支柱を探してそうなる、とか植物に心がないことを前提に反射として説明する人もいるけど、木村さんに教えてもらえなかったら、自分が育てているキュウリにそんなこととしてもらえるなんて、考えもしなかった。

木村さんのすごいところは、育てている植物の気持ちになれるところなんだ。活人術の章で紹介した佐藤初女さんもそうだけど、命をちゃんと命として見ている。ただ自分が利用するものではなく、自分達と同じ心を持ったものとして見ている。そこに胸を打たれる。

彼の奇跡のリンゴにも触らせてもらった。木村さんのリンゴは二年、三年と置きっ放しにしても腐らない。ただしぼんで枯れていく。そして、そのカチカチの木のようになった固いリンゴからは、びっくりするほど良い香りが辺りに漂う。砂糖菓子のような甘い香りだ。

ある時、木村さんの奥さんが自然栽培の米を研いでいるとき、急用ができて、そのまま棚の上に忘れて置きっ放しにしてしまったら、甘い良い香りが漂ってきて、お酒になっていたそうだ。

「本物は腐らないんだ」

と木村さんは言った。

自然界には天敵というのがいて、例えば、テントウムシは、アブラムシを食べるという。だから、テントウムシは良い虫、益虫だという。しかし、それが違うことも木村さんが見つけた。テントウムシにご飯粒をつけて飛べないようにして、一日観察していたら、たったの四、五匹しか食べなかった。アブラムシをモリモリ食べて、リンゴを守ってくれたのは、気持ち悪いウジのようなアブの幼虫だった。

ダイコンがドリルのように回転しながら、成長していくこと。それを聞いた時も信じられなかった。どんぐり亭の畑で目印をつけ、実験してみた。動いていた。

常識にとらわれず、もっとよく見ること、答えは必ずあること、それを木村さんは教えてくれた。

「木村さんの本に書いてあった、ガのオスとメスの違い。飛び方でオス、メスが分かるって言うやつですけど、僕はどうしても、何回見ても分かんないです」

僕がそう言うと、木村さんは歯のない口を開けて、

「うーん。そら、まだ修行が足りねえな」

と笑った。

自然栽培で農薬の代わりになるのは、「目」だと言う。つまり、よく見ること、観察眼こそが農薬の代わりなのだという。人間が長い時間をかけて発明してきた農薬の効果は素晴らしい。農業をここまで発展させた功績は大きい。それを使用せずに農業を行うのは、相当の覚悟がいる。わずかな異変も見逃さない。そして、植物の気持ちになって世話をする。一年中畑にいて、その小さな世界をとことん見つめて、宇宙や命の神秘にまでたどり着く、木村さんの目はまさに奇跡の目だ。

そんな目を僕も持たなくてはいけない。

その目を使って、相談者の助けにならなくてはいけない。子ども達の助けにならなくてはいけない。

僕の不登校の子たちへの取り組みを知った木村さんは、とても関心を持ってくれ、

「近くに来たら、必ず寄るから。絶対行くからな」

と言ってくれた。

今や世界中から農業指導の依頼がひっきりなしに来る木村さんが、そう簡単にどんぐり亭に来られることはないだろうが、木村さんの言ったことなら、いつか叶うかも知れない。

本当に心癒やされ、勇気をもらった一日だった。

青森からの風が吹いた。

黒姫からの風

「あのね、チャウチャウ、シラカバが病気みたいだから、今度来る時、治療を頼むね」

「うん。分かった。治療道具持ってくからね」

黒姫の南さんから電話があった。チャウチャウとは僕のニックネームだ。ほんとは家族や親戚からは、子どもの頃から、ちゃおちゃんと呼ばれている。しかし南さん達はいつの間にかそれがなまって、チャウチャウへ。犬じゃないんだけどなあ。

もと毎日新聞のカメラマンの南健二さんと奥さんの笑子さん、そして二人の娘さん。長野県でペンション「ふふはり亭」を経営しながら、健二さんは、黒姫の自然を撮り続けてきた。笑子さんは、無

場所を選んで倒れたシラカバ

農薬野菜を丹精込めて育て、それは、二人で作るふふはり亭の食事になった。

僕ら夫婦は、二人を心から尊敬しているし、慕っている。

ラディッシュの苗も分からなかった僕に、健二さんは山で暮らすためのすべてを教えてくれた。自然と共に暮らす大切さを教えてくれた。クリスチャンの笑子さんは、人として生きる意味をいつもジョークに包んで教えてくれた。本当の意味での優しさがどこにあるのか、それは人としても教員としても大きな学びだった。二人と出会わなかったら、今の僕らはない。

もう、五年以上も前のこと。黒姫に行くことを決めていた僕に南さんから、シラカバの治療の依頼があった。

そのシラカバは玄関のすぐ近くに植えて

あった。彼らが大阪から、黒姫に引っ越してきてすぐ植えたものだった。

僕は樹の医者になるまでは、シラカバの樹が好きではなかった。

シラカバは、ご存じのように木肌が白く美しい。しかし、弱くて、すぐに虫に食われ、ボロボロになり、大風で簡単に倒れる。外見は良いが、中身はだめな見かけ倒しの樹という印象だったからだ。

しかし、樹のお医者さんになるための勉強の中で初めて知った。

シラカバの仕事は倒れることだったのだ。

人間が荒らした土地に、軽い種で飛んできて、守ってくれるもののない厳しい環境で、いち早く芽を出す。栄養のない土地で耐え、短い時間でぐんぐんと伸びる。だから中身は弱い。後からやって来た他の樹の幼樹を強い陽ざしから守り、落ち葉を落として養分を与え、そして、大風で倒れる。そして自分の体を次の森を育てる養分として与え、朽ちていく。彼らには、次の森を作る使命があるからだ。

樹のお医者さんたちは尊敬を込めて「パイオニアツリー」(開拓者の樹)と呼んでいる。シラカバたちがいなければ、森はできない。

僕は自分の無知を恥じた。

素晴らしい樹だ。しかし、やはり弱かった。ふふはり亭のシラカバにいろいろ治療したが、朽ちていくのを遅らせる延命措置だった。でも、少しでも健二さんたちが思い出の多いシラカバと過ごせたら、とやれるだけのことをやった。

ただ、まずいことがあった。それは、ふふはり亭の建物の側が朽ちてきているのだ。一番しっかりしていたのは東側の幹だった。つまり、倒れるとするとふふはり亭を直撃する恐れがある。切り倒すのはいやだった。しかし、このままでは、大変な被害が出る。迷った。しかし、今回はまだ倒れないと判断して、ふふはり亭を辞した。

そして、しばらくたったある日。健二さんから、メールが来た。

「昨日の台風で、シラカバが倒れました。残念です」

流石はプロのカメラマンで、写真付きだった。

その写真を見て、僕は驚いた。

北側がふふはり亭の建物だった。シラカバの根元近くの幹はそこがひどく朽ちていた。西側には電線があり、南側には駐車場がある。シラカバは、もっとも幹がしっかりしていた東側に倒れていた。南家のどこにも被害を出さないとしたら、もう本当にそこしかない、という場所にピンポイントに倒れていたのだ。ふふはり亭の家屋も、電線も自動車もすべて無事だった。そして、大きなシラカバは倒れながら途中で他の樹に支えられ、その下の笑子さんの畑も無事だった。根元の角度にしてあと数㎝ずれていたら、何かを壊していた。

僕には、シラカバが最後の恩返しに倒れる場所を選んで倒れたように思えた。

翌週、僕たちはまた黒姫に出かけて、シラカバの撤去作業を手伝った。最後まで残った東側の幹のねじれが痛々しかった。最後の力を振り絞って、「ここに倒れよう」とする強い意志を感じた。それをそっと撫でて、

「ありがとう。よくやった」

とつぶやいた。

記念にシラカバでイスを二つ作り、どんぐり亭に運んだ。

しかし、シラカバなので、あっという間に朽ちて、今はどんぐり亭の土の一部になっている。

樹にもきっと心がある。

健二さんや笑子さんたちとは、三十年近く一緒にそんな時間をたくさん過ごした。

そして、今年。

健二さんと笑子さんは、娘たちが暮らす和歌山へ引っ越しすることになった。積雪二メートルの黒姫の生活は二人の年齢では難しくなったからだ。

誰もが寂しいが仕方ない。

どんぐり亭は笑子さんが基本設計をしてくれた。亭には人を集めてもてなすという意味があると聞いたことがある。ふふはり亭のもてなしの精神を受け継いで、多くの来亭者を笑顔にするためにふふはり亭の「亭」の字をもらった。

どんぐり亭はふふはり亭のミニチュア版である。ふふはり亭で学んだことは、どんぐり亭が引き継ぐことにした。なかなか南ご夫妻のようにできないけれど、どんぐり亭には二人の心地良い風が吹いている。

僕らは、いつも黒姫の風を感じることができる。

そして、まもなくきっと和歌山から同じ風が吹いてくるだろう。

久々井湾の風

十二月の中旬。

通知表の準備とセラピーのセッションで遅くなり、家に九時近くに帰った。もうくたくたで、家にたどり着くと、宅急便が届いていた。

「おー。今年も来たー」

とわくわくしながら、包みをほどくと、中から素敵な湯飲み茶碗が五つ出てきた。窯の中の揺らめく炎をそのまま写し取ったような模様が、一つひとつの茶碗にあった。

「すごい！美しい。土と炎の呼吸が見えるぞ！」

それは、岡山の備前の陶芸家、森岡宏さんが送ってくれたものだった。それを見た途端に、仕事の疲れがふっとんだ。

陶芸のことなど全くの素人の僕だが、何故か昔から備前焼の美しさに惹かれる。欲しいけど、高価で僕にはとても買えそうにないので、陶磁器のお店で、

「うわあ、いいなあ」

と手に取り、さも買いそうな顔つきでなで回し、最後に「いい子、いい子」して、手放す、を繰り返

していた。

その情けないさまを見飽きた嫁さんが、

「一つ、買ってあげるよ」

と男気を出し（女だけど）、備前の徳利とおちょこのセットを買ってくれた。

特別の日には、それを出して日本酒で一杯やるのはとても幸せだった。


『どんぐり亭物語』が出版された時ももちろんその備前の徳利とおちょこで、乾杯した。調子に乗った僕は、どんどん酒が進み、それでも大事なこの徳利はちゃんと片づけないとと思ったらしい。フラフラと台所へ持って行き、流しに入れようとした瞬間、流し横のドアに徳利を激しくぶつけてしまった。

「ガキッ」

と鈍い音がして、徳利の首が飛んだ。

僕はいっぺんに酔いがさめた。自分の不注意を悔やんだが、もう後の祭りだった。

翌日、目覚めたとき、もしかしてあれは夢だったのか、とかすかな希望を持ちながら、一瞬思ったが、残念なことに現実だった。

後悔の念で、いたたまれず、僕は「金つぎ」を習った。金つぎとは、陶磁器が割れた時に漆（うるし）を使って接着して、金の粉で仕上げる、修復技術のことだ。

何とか修復したが、首に金のエリ巻きを巻いた備前の徳利はやっぱり痛々しかった。

「あーごめん。申し訳ない。ほんとバカだった。どうしようもない」

徳利に謝ってるんだか、嫁さんに謝っているんだか、自分にいっているんだか、もう分からなくなるほど、徳利を見る度に謝った。


岡山の森岡さんの窯元を訪ねたのは、夏だった。

保江先生の稽古会後の飲み会で、保江先生に
「僕、備前焼が大好きなんです」

と話したら
「えー。うちは親父の趣味で備前焼がいっぱいあったんよ。だけど、僕は全然関心ないから、親父が亡くなった後、みーんなあげちゃった」

「あ、あげちゃった⁉」

「いつ？」

「もう何年も前だよ」

（な、何てことを！）

「加藤さんがその頃いたら、あげたのにねー」

「一つぐらい残ってないんですか？」

「ぜーんぶ、あげちゃった！」

無邪気な顔で話す保江先生を前に僕は何も言えなかった。

だけど、その無念の思いは先生に伝わったらしく、

「ねえねえ、備前の窯元に行ってみない。僕の従姉妹に案内してもらうから」

「え。ぜひ、ぜひ」

「分かった」

すぐその場で電話して、翌日、従姉妹さんの友達である窯元に連れて行ってもらうことになった。

先生の従姉妹の難波さんは、本当に素敵な人でいつも心が開いていて、気さくで一緒にいてとても楽しかった。初対面なのに昔からの友達のようだった。

難波さんの運転で備前の窯元に着いた。穏やかな瀬戸内海を見下ろす小高い丘の上にある窯元で、森岡さんに会った。

森岡さんがろくろの前に座ると、まるで魔法のように粘土から形が現れた。

「やってみませんか?」

と誘われ、僕もやってみた。

久々井湾から優しく吹き上げる風の中で、僕もろくろを回した。とても豊かな時間で、（ずっとここにいたい）と思ったけど、粘土は思うような形にはならなかった。

でも僕に代わって、彼がくるくる回るろくろの前に座り、粘土に触ると、ほんの十五秒ほどで、作

品の形が現れた。

そして、それは何万円という値段がついて売れていく。

僕が
「え。十五秒で〇万円！」

と思わず、失礼なことを言うと、彼はニッコリ笑って、

「十五秒と三十年です」

といった。

今でこそ、十五秒で形になる作品だが、そうなる前に三十年以上も必死で修行してきたのだ。

僕はそれを聞いて、恥ずかしくなった。

素晴らしい作品や料理、音楽、人の心を動かすものの、その後ろにはびっくりするほど長い時間がかかっている。

慌ただしく、忙しく、やらねばならない行事を次々にこなす今の学校で、一番教えてやれないことがそこにあった。

「本物になる」とはそういうことなのだ。すべての本物には、その後ろに途方もない長い時間が隠れている。それに気づく子を育てたいと思った。

感動して心が開いた僕は、思わず、「徳利事件」の話をした。森岡さんはまた、ニッコリ笑って、

「加藤さん。壊れるからいいんじゃないですか」

と言った。

「えっ」

「絶対に壊れないものなら、大切に使わないでしょ。壊れるから、そっと大切な仕草になる。愛情がこもる。もし割っちゃったら、次はそうしないように、さらに大切にしようとする。それがいいんじゃないですか」

「……」

泣きそうになった。

森岡さんの一言はＴＦＴの威力があった。その言葉で僕のトラウマは跡形もなく消えた。


そして、その年の十二月。

窯出しの作業を終えた森岡さんから、宅急便が来た。

中には、備前焼の徳利が入っていた。

どんぐり亭からの風

忘れられない光景がある。

どんぐり亭で一泊して、翌日、地主さんの大塚秋則さんの家に行った。いつもお世話になっている秋則さんにちょっとした届け物をするためだった。

「あれ？」

と思った人がいるかもしれない。そう、奇跡のリンゴの木村秋則さんとどんぐり亭の地主の大塚秋則さんは名前が一緒だ。

大塚秋則さんは、僕がプレゼントした「奇跡のリンゴ」の本を読み、とても感動してくれた。農作業で疲れた体を忘れ、一気に一晩で読み切ったそうだ。

同じ農家としての心意気を強く感じたらしい。

そして、たまたま（運命かも知れないけど）大塚秋則さんの幼なじみの歯医者さんが、東京で講演会を主催すると誘われた。それがなんと講師が木村秋則さんだった。

幼なじみの気遣いで講師控え室に通された秋則さんとこれから講演をする秋則さんは、農業について熱く語り合い、意気投合したのだった。

木村の秋則さんは、僕が大塚の秋則さんの事を話したら、

「歯のない俺たちが、歯医者の会に呼ばれるなんてなあ」

と歯のない口を大きく開けて笑っていた。その頃、大塚秋則さんは、前歯の治療中で歯がなかった。

二人の秋則さんは、僕の周りで、重なったり、離れたり……。だから、「秋則さん」というと僕の周りではちょっとややこしいことになる。

その大塚の秋則さんの家に行って、玄関で

「こんにちはー。加藤です」

と声をかけたが、返事がない。

ラジオの音が聞こえる。こういう時は横の作業場で、野菜の出荷の準備をしていることが多い。玄関を出て、隣りの作業場に行った。

「こんにちは。秋則さん」

秋則さんとトミエさん夫婦はそこにいた。

二人は座って、ほうれん草の袋詰めをしていた。ただそれだけなんだけど……。

その光景は、絵本の一ページのようだった。

丹精込めて作ったほうれん草。朝早くから、夕方暗くなるまで、世話をしていたのをよく見かけた。

有機栽培だから、普通よりずっと手間もかかる。

木村秋則さんに触発されて、ダイコンなどは本格的な自然栽培に近い状態だが、葉ものは肥料もなく、となると難しいらしい。

雨だといっては心配し、晴れが続き過ぎたといっては心配する。

「ちょうどいい時なんか、めったにねんだよ」

と笑っていた秋則さん。木村秋則さんが、生粋の青森弁なら、大塚秋則さんは生粋の群馬弁だ。「どんぐり亭物語」に登場してもらったとき、

「何だか、方言丸出しだいのう」

と照れくさそうに言っていた。ちょっと嫌だったのかもしれない。でも、木村秋則さんも大塚秋則さんもその土地に生まれ育ち、土地の力に育てられた人だ。彼らが使う言葉は、その土地の太陽や大地や風が紡ぎ出した言葉。たくましく、心に響く。聞いているだけで、元気が出てくる。

まるで大地の声そのままのような彼らの声を聞くと、何だか安心する。自分がセラピーがうまく行かず、落ち込んでいる時、山ほどの野菜を抱えて、どさっと玄関に置き、

「はね出しだい。遠慮しねえで食ってくれ」

と去って行く秋則さんの後ろ姿を見ると、（また明日も頑張ろう）と思う。

ほうれん草を丁寧に袋に詰める。元気に育ったくれたほうれん草のため。それを食べるお客さんのため。二人が畑のほうれん草に手を出したら、葉っぱがクルクル巻きついてくるんじゃないか、と思うほど、武骨な愛に溢れている。

二人の手は本当にいい手をしている。長い間、誠実に畑で働きつづけた、美しい手だ。自分の手は、三十年余の教員生活を経て、ちゃんと教員の手、セラピストの手になっているのだろうか。そんなことを思う。

何かあったら、秋則さんたちは先ず自分の手でやってみる。専門家を頼るのは、その後だ。でも大抵自分たちで何とかしてしまう。井戸が必要と思ったら、自分たちで掘っちゃったり、そこに使われる繊細な部品を自分で発明しちゃったり、ニホンミツバチを研究して、次々に巣箱にハチを呼び込ん

で、幻の蜜と言われるハチミツをどんぐり亭に届けてくれたり……。すごい！

生きる力にいつも溢れていて、感動する。

ラジオが鳴る中、日に焼けた二人が、部屋の中で仲良くほうれん草の袋づめをしている絵の後ろにある膨大な時間や大地からの恵みを感じて、うたれてしまった。

ずっと眺めていたいと思う、そして、少し前なら、どこにでもあった日々の暮らしの中の当たり前の光景だった。

帰りの車で、その光景が浮かんでは消え、浮かんでは消えしていたら、嫁さんが

「いい姿だったね。秋則さんとトミエさん。仲良しだよね」

とつぶやいた。

数分間、日本の原風景の絵本の中に放り込まれた僕たちは、また、町の生活に戻っていく。何でも金を払って、他人まかせな町の生活は、（どっか違うな）と思いながらも毎日が過ぎていく。

どんぐり亭が送ってくれた風は、僕らが本当は戻らなくていけない日本の未来を教えてくれているのかも知れない。

僕は少し個性的な生活をしているほうだとは思う。しかし、これは僕にとっての日常だ。誰でもそ

の人にとってごく普通の毎日の中で、自分の心の青空を取りもどしてくれる風が吹いている。

一生にたった一度だけの風が毎日毎日、その瞬間に吹いている。

それを感じて、つかまえる。それが「今、ここにいる」ということだ。

特別な技法、特別な道具を使わなくても、日々の中に黒い雲を流してくれる人や出来事に気づく自分の心こそが、生まれながらに備わったレジリエンス（立ち直る力）だと思っている。無理して名前をつければ「一期一会療法」とでもいうのかな。

その事をちょっと一緒に感じてもらいたくて、こんな四つの小さな話をしてみた。

五　心の青空を持って、生き心地の良い空間を作ろう

生き心地の良い町の研究

これまで語ってきた思いを形にしながら、自分の生活をデザインすると、一体どのようなことになるのだろう。僕が自分のフィールドでやってきたことを少し伝えたい。

そして、それを、それぞれの皆さんのフィールド（職場や学校や家庭）で使ってもらうと、どんな形になるのかを想像してもらえたらうれしい。すると、心に新しい風が吹きそうな気がするからだ。

そして、もしやるべき仕事でいっぱいでどうしようもない人がいたら、その人の心を少しだけ軽くしてやれるかも知れない。ならずにすんだはずの病気から救えるかも知れない。

つらい学校生活を送っている子に、周りをすべて苦痛で囲まれていても、見上げたら空が空いていることに気づいてもらえるかも知れない。

それが、僕が今、一番願っていることなんだ。

その前にちょっと話しておきたいことがある。

東日本大震災の支援活動のため、ＴＦＴ協会で支援チームが作られた。精神科医、臨床心理士、教員。様々な職種のＴＦＴセラピストから構成された支援チームだった。

そのチームで仙台の東北大学に向かう新幹線の中のことだった。

車内での支援活動のミーティングの合間に、森川先生が教えてくれた。

「加藤さん、すごく興味深い研究があってね。岡檀（おかまゆみ）さんという研究者が、日本で一番の町を研究したんです。何が一番かというと、日本で自殺率が一番低い町なんです。

つまり、日本で一番生き心地が良い町の研究なんです」

岡先生の研究によると、徳島県にある海部町（現在は合併により海陽町の一部）は、日本で最も自殺率が低い。その自殺を防止する因子が五つあるという。

一、いろんな人がいてもよい、いろんな人がいたほうがよい
二、人物本位主義をつらぬく
三、どうせ自分なんて、と考えない
四、「病」は市に出せ
五、ゆるやかにつながる

これが、生き心地良さ日本一の秘密だった。

「一、いろんな人がいてもよい、いろんな人がいたほうがよい」は異質な者をはじかないということだ。

海部町では、赤い羽の共同募金がなかなか集まらないという。僕らの町では、お隣さんが千円したと聞けば、じゃ、うちも千円。となるのが普通だと思う。他の人は募金したのか、いくらぐらいしたのかをリサーチして、横並びにする。それが一番ストレスが少ないからだ。

しかし、海部町では、「赤い羽って、どこに持って行かれて、何に使われるのか」といろいろ聞かれる。そして、それなら、「うちはやらない」となることもある。じゃ、その家がケチなのかというと、全然そんなことはなくて、町の祭の山車の修理には、大金を払う。

周りの人がどうこうではなく、自分が納得したことで動いている。

そして、その人を周りもとやかく言わないし、思わない。あの人はあの人、自分は自分。それで十分。岡先生のアンケート調査で、「あなたは一般的に人を信用できますか」の質問に「できる」と答えた人（35．1％）は、比較対象となった自殺多発地域の町の結果（18．9％）より、はるかに高い。自分と違う考えを持つ人をはじくのではなく、取り入れ、信頼する風土がそこにある。

「二、人物本位をつらぬく」は、肩書きや学歴、慣習などに左右されず、その人の人柄や問題解決能力で地域のリーダーが選ばれていることや、相互扶助組織でも年長者だからといって威張らない事実から取り上げられている。海部町の人々は、自分を大きく見せるようなパフォーマンスには惑わされない人物の見方がある。

「三、どうせ自分なんて、と考えない」はアンケートや町の様子によって明らかにされた。「自分のような者に政府を動かす力はない」に「いいえ」と答えた海部町の住民（41．8％）は、自殺多発地域の町の「いいえ」（27．2％）を大きく上回っている。この自己効力感の高さは、海部町のお年寄りにも見られ、他地域では、デイケアに行くのに、他人の世話になるやっかいものになったという意識があるのに比べ、海部町のお年寄りは、大威張りで元気良く出かけていくという。

これまで、私らがあんた達の世話をしたんだから、今度はあんたらが私らの世話をするんじゃ、ということらしい。

「四、病は市に出せ」とは、海部町に昔から伝わる口伝である。病とは病気だけではなくて、悩みごと全般ということだ。市（いち）とは市場のことで、みんなの前に開示するといいよ、ということ。つまり、困ったことがあったら、一人で抱えず、みんなに話せば、きっと良い情報が集まるぞという意味だ。

「五、ゆるやかにつながる」はガチガチの隣人関係がないということだ。基本的には、隣人のやることには、口出しせず、それぞれの自主性に任せてあって、淡泊な付き合いをしている。必要があった時だけ、過不足なく助ける。というやり方が貫かれている。

以上のことは、僕が岡先生の研究を要約したものなので、本当は、もっとずっと科学的なデータがそろっていて、説得力のあるものだ。もし、これで何か誤解が生じるとしたら、すべての責任は僕にある。

関心を持たれた方は、ぜひ岡先生の本（生き心地の良い町　岡檀　講談社）を読んで頂きたい。素晴らしい研究だ。

森川先生と仙台へ向かう数ヶ月前、東京で森川先生のセミナーのお手伝いをしていた時に、僕はこの本の名前を耳にした。

密かに購入したのだが、あまりに学校の仕事が忙しく、さっと斜め読みした後、（あとで、ゆっくり読もう）と机に置いてずっとそのままになっていた。

しかし、被災地に向かう新幹線の中で、この話をもう一度聞いた時、もう何というか、体に電撃が走った。

自分は、これまでの教員生活の中で、じたばたしながら学校の中に「海部町」を作ろうとしていたんだ、と気づいた。

もちろん、岡先生のように綿密で誠実な調査の末、五つの自殺防止因子を見つけ出したのではない。しかし、問題を抱える、幸せ度が一番低い子どもを学級経営の核にして、温かいクラスを作りたい。子ども達すべてが居心地の良い学級にしたいと思い、毎年、試行錯誤を繰り返してきた結果、五つの生き心地の良い町を作る因子とよく似たものが出てきたのだろうと思う。

様々な性格、家庭事情、能力を持った子ども達が集まっている中で、みんなの居心地が良くなるには、こうするといいみたいだ、と漠然と思っていたものを科学的に証明してくれた研究に感謝した。「音」、「活人術」「タッピング」「一期一会」……何でもいい。自分にあった方法で、心の青空を取りもどして、みんなが生き心地の良い空間を自分の周りに作り出すこと、それが僕らが生まれてきた意味なんだと思う。

ピカリシャワー

朝、教室に行くと前の黒板の脇にある小さなホワイトボードにクラスの子の名前が書かれている。みんながそろって、朝の会が始まる。司会係が会の最後に、ホワイトボードに書かれた子どもの名前を呼ぶ。

「今日のピカリシャワーは、ケイくんです。思いっきりほめましょう」

すると、クラス全員が

「ハイッ！」

と返す。

それを合図に今日のピカリシャワーが始まる。

北九州市の元小学校教諭、菊池省三先生が考案された「ほめ言葉のシャワー」というのがある。子ども達がその日一日、一人の子をよく見て、帰りの会にほめ言葉をシャワーのように浴びせかける、というものだ。自分の学級経営の考えに合うように、改変させてもらっているが、ピカリシャワーは、菊池先生のほめ言葉のシャワーの追試だ。

子ども達がピカリと光ったところをほめるので、ピカリシャワーと名付けた。

このピカリシャワーは、「異質なものをはじかない」という温かなクラス作りのために大きな力を発揮する。学校における海部町作りの柱となる。


あらかじめ配られたカードを持って、子ども達はその子を一日中ずっと観察する。いいところを見つけて、空き時間を使って、どんどんカードに書き込んでいく。

ケイくんの隣のミキちゃんがうっかり消しゴムを落とす。ケイくんがさっと拾ってやる。周りの子が（いいとこ見つけちゃった！）とばかりに、ニマッと笑う。

できるだけ同じピカリは言わないようになっているので、なかなか大変だ。

いつもは少々気の短いケイくんも、みんなから見られているのをよく分かっていて、給食当番がうっかりケイくんの机にぶつかり、ちょっとスープがおぼんにこぼれて、

「あ、ケイくん。ごめん。ごめん。私のと取り替えるよ」

と言っても、

「いいよ。いいよ。わざとじゃないんだから」

とまるで天使の対応だ。

　さすがにちょっと不自然さは否めないが、ともあれピカリシャワーの子は、たいてい一日をにこやかに過ごす。

　そして、帰りの会。

「これから、帰りの会を始めます。ピカリシャワー。今日のピカリシャワーは、ケイくんです」

　すると、ケイくんは黒板前のお立ち台に上がって、

「ケイです。よろしくお願いします」

と言う。

　その声を合図に、クラス中が立ち上がり、順番にケイくんに浴びせかけるように、次々とほめ言葉のシャワーを発表する。発表したらすぐにお立ち台にいるその子に自分が書いたカードを渡しに行く。

「今日、ケイくんは私の消しゴムを拾ってくれました。私の隣の子が優しい人でよかったです」

「今日、ケイくんは、給食当番が机にぶっついても、すぐに許してやりました。僕もケイくんみたいに心の広い人になりたいです」

　そんなほめ言葉が、ダダダーッと三十四人続く。

　途中、感極まってお立ち台の上で泣き出す子もいる。

　今日良いことをした人を発表する「良い所探し」というのは、小学校ではよくやられていると思う

が、ピカリシャワーは、一人に集中して、ほめちぎるところが違う。この違いはとても大きい。クラス全員から、ほめ言葉をもらうと、自分はこのクラスに愛されているというような感じを持つのだ。それが、何かあったときのレジリエンス（立ち直る力）として働くようなのだ。

そして妙な人間関係のストレスがかからず、友達をいじめない。

最後の子が言い終わると、司会の子の

「それでは先生、お願いします」

という声がかかる。

ピカリシャワーを始めた頃は、「先生の話」はなかった。しかし、ある時、とても気がきくトモキくんという男の子が、ピカリシャワーが終わった後、突然、手をあげた。

「先生！」

「え。トモキくん、何？」

「子ども達だけじゃなくて、先生もピカリシャワーをしたら、みんながうれしいと思います」

「わあー。いい。いい」

「やって、先生」

「カード欲しい！」

子ども達が騒ぐ。

（うっ。痛いところを突いてきたなあ）

ほんとは、僕もちょっと考えた。でも、休み時間はカウンセリングがぎっしり。その中で一日、百冊を超えるノートを見なくてはならない現状で、帰りまでに書く時間があるかなあ～と考え、言い出さなかった。

しかし……。こうなってしまっては仕方ない。

「分かった。その通りだ。先生も書くよ」

「やったー」

「わーい！」

となって、今に至る。

「ケイくん。君は今日、一人でトイレのスリッパを直していたでしょ。次の人のためにきれいに並べていたでしょ。人が見ているところで良いことをするのは簡単です。でも、誰もいないところで、良いことをやるのは難しいです。誰もいないところでも人のために動ける君は素晴らしいです。君の力は本物です」

ケイくんは、一学期、トイレのスリッパをふざけて、わざとめちゃくちゃにして、僕に叱られた。その後、彼はちゃんとスリッパをそろえた。僕はみんなの前で思いっきりほめた。それ以来、彼は毎回トイレに行くと、誰も見ていなくてもトイレのスリッパだけはそろえるようになっていたのを僕は知っていた。

その日も、僕がトイレの前をそっと通ると、こちらに背を向けて膝をついてスリッパをそろえる彼の姿があった。

ピカリシャワーを始めると、不思議とその日、その子の、そんな場面に出くわすことがよくある。

僕が、ピカリシャワーでほめるところは、単に一番目立った部分ではないことが多い。その子がこのまま行くと将来生きづらさを抱えそうな短所が、わずかでも良い方向に変化した時は、そこをすかさず強調してほめる。また、今は短所として現れているが、長所に変えられる性質をほめる。事実を持ってほめれば、きっとその子の意識はそちらにいく。友達をきつい言葉で注意する子には、優しい言い方ができた事実をあげて、ほめる。神経質な子には、みんなのためによく気がついた事実をほめて、その性質の良さを強調する。

短所をチャームポイントに変えられたらいいなあと思っている。

先生のお話が終わると、司会の子が
「ケイくん、お願いします」
とまた声をかける。

するとケイくんが、

「今日、うれしかったことは三つあります。一つ目は優しいと言われたこと、二つ目は心が広いと言われたこと、三つ目は、先生に本物と言われたことです。ありがとうございました」

みんなは一斉に拍手する。

ここまで、約八分。始めは二十分かかった。

帰りの会の後には、陸上の練習を指導したり、会議があったり、と忙しいのだが、楽しみにしている子どもたちの気持ちを考えるとなかなか延期できない。

たまにどうにもならなくて、延期するとその子が泣きそうな顔になる。

前にどうにもならなくて一週間延期になった子がいた。本当に泣き出した。

ある子がおしゃべりノート（うちのクラスの日記の名前）に書いていた。

「あと、三十日で私のピカリシャワーです。とても楽しみにしています」

その子のピカリシャワーは先週終わったばかりだった。

やっぱり大人はできるだけ、子どもの期待を裏切ってはいけない。


前にうちのクラスに関わりのあった先生が、退職されるというので、子ども達と相談して、その先生のピカリシャワーをしたことがある。子ども達の素直な気持ちに触れて、感動した先生は、涙を流した。後で手紙をくれて、「私の教員人生の宝物だ」と言ってくれた。

調子に乗った子ども達は、その年度の三月。お別れの日にサプライズで、僕のピカリシャワーをやってくれた。毎日、見てきたものだからどうということはない、と思ったら、あのお立ち台に立って、みんなにしっかり見つめられながら、ほめてもらうと、これまでの彼らとの日々が思い出されて、不覚にも涙が出た。

（ああ、こんな幸せな気持ちになるんだ）と改めて、ピカリシャワーの威力を思い知った。

（自分はみんなに愛されている）と実感した。

異質なものをはじかない。その良さを見つけてみんなで楽しむ。どうせ自分なんて、なんて思わない。だって、これだけ褒められたんだから。この辺りがピカリシャワーの秘密だと思う。

クラスの中で、幼く地味と見られていた子が、びっくりするようなピカリシャワーを言うこともよくある。

「サエちゃんは、僕が算数で分からなかったら、教えに来てくれ、大丈夫、分かるよといってくれました。僕はその言葉で元気が出て、分かるようになりました。友達を元気にする優しさを持っているサエちゃんは、きっと幸せな大人になるでしょう」

通知表の所見に使おうかと思った。さすがにちょっと情けなくて出来なかったが……。現在の事実を踏まえて、未来への希望がある。素晴らしい。

学期途中で転入してきた不登校の子は、たまたま学校に来た日にピカリシャワーを受け、それから毎日学校に来るようになった。前の学校でいじめられたトラウマの処理にＴＦＴを使ったり、表情をほぐすために活人術も使ったが、あの子が動いたのは、明らかにみんなのピカリシャワーの力が大きいと思う。

ピカリシャワーは、誰もが生き心地の良い空間を作り出す。ほめているほうもほめられるほうもやたらとうれしい。

ある日のこと。

ピカリシャワーが終わって、みんなが帰り、自分のイスに座った。急いで丸つけをしなくてはならないテストを出して、数枚に丸をつけた。ふと顔を上げ、ガランとなった教室を見回すと、

（あれ？　ランドセルがある！）

その日、ピカリシャワーだったソラくんのランドセルが机の横にあった。

（え。まだいるのか？）

急いで、廊下やトイレを確認する。

いない。

（どうしたんだ？）

ランドセルの中身を調べて、次に玄関でくつを確認しようと、教室を出ようとしたら、

「先生ー！」

ソラくんが教室に飛び込んできた。

「どこに行ってたの！？何かあったの？」

と聞く僕を見ながら、

「あははは。ランドセル忘れて家に帰っちゃった」

照れたような笑いを見せた。

「えーっ。ランドセル忘れたあ～？」

「はい。今日僕のピカリシャワーだったでしょ」

「うん。そうだよ」

「みんなのピカリシャワー聞いているうちにうれしくなって、ぼーっとなって、気がついたら、家に帰ってた」

「うれしくて、ランドセル忘れて帰っちゃったの？」

「はい。なんかふわふわしちゃった」

やっと僕は心から安心した。

「あははは……そんな子はじめて見たよ。幸せな一日になって良かったねえ」

「はい。じゃ先生、さようなら」

ソラくんは人懐っこい笑顔であいさつした。

「うん。また明日会おうね。さようなら」

それからしばらくして、ソラくんはお父さんの仕事の都合で、遠くの学校に転校してしまった。

(でも、ランドセル置いて帰っちゃったくらいだもの。ソラくんの心の中には、このクラスのみんなから愛された記憶がいつまでも残るだろうなあ)と思った。

それが、この先ピンチに直面した彼をきっと救うと僕は思っている。「どうせ自分なんて」とは思わない。そして、そんなクラスの生き心地の良さを知ったソラくんは、向こうの学校でピカリシャワーを始めるかも知れない。

元気でやれよ。ソラくん。みんながついているぞ。

ピカリノート

ピカリノートはいわば、ピカリシャワーの家庭版である。

不登校の子の親のセラピーでは、子どもがセラピーに来られずに、親だけということもよくある。そんな時に、よく使っている方法だ。

香川県の臨床心理士の森田直樹先生が提唱している「一日三分の働きかけ」の追試だ。これも自分のセラピー用に改変してあるが、とてもよく出来た方法だと思っている。

「もうどうしたら、いいかわからないんです」

と悩みを打ち明ける母親。

「よくこれまで頑張ってこられましたね」

ほんとにそう思う。

これまで何千人という相談者に会ってきたが、その人の今置かれた現状、持っている能力、性格、生い立ちそれらをすべて加味したら、手をぬいて生きている人はいないと思っている。

傍からみたら、眉をひそめるような行動をとっている親もいるかも知れないが、その人の置かれた立場で見てみると、みんな幸せになろうと精一杯頑張っている。

いろいろな所に相談に行って、「もっとお子さんに寄り添って」などと耳にタコができるほど言われ、うんざりしている。

「お母さん、お母さんが精一杯頑張ってきたのはよく分かりました。これ以上、あれこれやるように、と言われても、疲れちゃいましたよね。

でも、もしよかったら、一日三分だけ、お子さんに時間をあげられますか」

ここでいいえ、と答える人に会ったことがない。

「他は何も変えなくていいです。一日三分だけお子さんにあげてください。

具体的には、一日三回ほめてやってください。ほめるなんて、一回二十秒でできますよね。それが三回で六十秒。

そして、それを夜、一人になった時に、ノートを出して、何と言ってほめたか、書き留めてください。一つ四十秒もあればできますよね。それが三つで百二十秒。合わせて、百八十秒、つまり三分です。そして、それを三週間に一度、カウンセラー、つまり僕に見せて、二人で検討会を開きます。やれますか？」

「はい。それくらいなら」

「よかった。

　では、これには、三つのポイントがあります。
一、後でまとめてほめずに、いいことをした瞬間にほめる。
二、ほめ言葉＋母の思いという形でほめる。
三、自分は世界一幸せな母親だと思ってほめる。
です」

「あの、ほめ言葉＋母の思いというのはどういうことですか」

「具体的にいうと、お子さんが食事の後、自分が食べたお皿をキッチンに持ってきてくれたとします。その時に、あ、持ってきてくれたんだ。えらいね。ありがとう。これはほめ言葉ですね。その後ろに、お前がいてくれて良かった、のような言葉をつけるんです。

　不登校の子は、どうせ自分なんて、いてもみんなに迷惑なだけだと思っていることが多いです。自己効力感が少ないです。だから、それを変えるような言葉をかけるといいです。

　そんな子が一番欲しい言葉は、お前がいてくれてよかった、みたいな言葉ですよね。

でも、その言葉は強いから、浮きますよね。普段使いますか？」

お母さんは笑って、

「使いませんね」

「そうですね。浮きますから。なので、間の言葉も工夫してみます。

あ、持ってきてくれたんだ。ありがとう。この次に例えば、今日、お母さん疲れていたから、を入れて、お前がいてくれてよかった。となります。

そうすると自然に聞こえますね」

「ああ、そうですね」

「本当に思っている言葉でも、相手に響かせるのは難しいです。お子さんが本当に欲しい言葉を届けて、彼を元気にする、心の愛情のコップを満タンにするには、ちょっと工夫が必要なんです」

「ノートには、もしお子さんがいい反応をしめしたら、ハナマルをつけておいて下さい。

悪いことは絶対書きません。

子どもが良いことをして、ピカリと光った時に書くノートだから、ピカリノートと呼んでいます」

ピカリノートの良い所は、目標が分かりやすいことだ。方向を見失った親たちにもう一度、少しだけ頑張ってみようと思ってもらえる。

その気持ちがなければ、何をしてもうまくいかない。

これまでの報告では、ほとんどの場合三週間で、何らかの変化が出る。学校に突然行きだした子もいたけれど、多くの場合はもっとかかる。でも学校に行くのではないが、笑顔が増えたり、親の手伝いを始めたり、と人として好ましい反応が起きる。そこがスタートだ。

森田先生ほど熟知していないし、自分がやりやすいように改変しているので、いつも成功するわけではないけど、ピカリノートで変わった子は、突然学校に行き出す。

親が書いてくるピカリノートには胸を打たれる。読みながら、泣けてくることもある。親の頑張りや心配りをこちらもほめる。親はピカリノートで、子どもをほめ、それによって、親はセラピストからほめられる。そんな二重構造が大切だ。

人は子どもも大人も認めてもらいたいものだから。

親や教員は、多くの場合、子ども達をマイナスから見ている。

それは、仕方のないことかも知れない。なぜなら、六年生ならここまで育てなくては、というゴールラインに向かって教育をするからだ。足りない部分を埋める作業が教育だと思っているから。親も不登校の子の親なら、元気に学校に行っていた頃のことが基準になっているので、今の子どもの状態はマイナスに見え、学校に行っていた頃が、当たり前の0地点。すべてがマイナスに見える。

基準から落ちている部分ばかりに目が行く。

それが、ピカリノートを始めると、子どもの良い所ばかりに気づくようになる。

僕も自分専用のピカリノートを持っているが、自分がずいぶん変わってきたのがよく分かる。はじめの頃は、どうしてもマイナスを書いてしまった。教員の性だな、と苦笑して破りすてた。指導上必要とされるマイナスの部分は、普通の指導記録ノートに書き、ピカリノートには絶対に書かないようにした。

指導記録ノートと違って、ピカリノートは触っただけで温かい。

慣れてくると、なぜ、あんなに欠点ばかりみていたのか、前の自分の異常さに気づいた。


ピカリノートを使って、元気に登校できるようになった子の親が言った。

「先生、私、始めて子育てが楽しいと思えるようになりました」

どこに相談に行っても、「お母さんがもっとしっかりしないと」、「もっと子どものために時間を作って」、「もっと寄り添って」と言われていて、ふてくされていた母親だった。

「子どもが可愛い」と繰り返し言い始めたころに、子どもは学校に行くようになった。

世の中の親達は本当によくやっている。けれどそれを誰かが認め、親の気持ちに寄り添うことにはあまり重きを置かれていない。

みんな認められたいし、みんな認められるに足るところを持っている。

ピカリノートはその思いを満たしてくれるノートである。

ピカリミーティング
これは、相手の良さを認め合いながら、オープンな議論ができるようにする方法として考えたものだ。

授業の中である課題を解決するとき、話し合いをする時に班やペアになる。学校ではよくやられている方法だ。

しかし、これが意外に難しい。

話し合いが白熱すると、過度に攻撃的な意見が飛び交ったり、授業が終わった後まで、言われたことを気にしていて、子どもの関係がぎくしゃくしてくる。言わずとも場の空気を読むことを旨として、オープンな議論に慣れていないウエットな日本の風土も関係していると思うが、何とかしなくてはいけない。

「海部町」では、明るくオープンな議論ができているのだから、日本の風土のせいばかりにもしていられない。明るくオープンな議論ができるというのは、相手への信頼や尊敬、異質なものをはじかない精神があるからなので、そこは生き心地の良い空間作りと密接な関係がある。

そこで、まず、聞き手を育てる。

上手な聞き手ができると、話し手は自然とうまくなる。上手な聞き手とは、相手に体をしっかり向けて、相手の話を最後まで遮らず、豊かなリアクションができる人だ。こども達はピカリミーティングが始まると、「うん、うん、へー、それいいね」と大きくうなづいたり、良いと思ったら、拍手したり、場を明るく盛り上げる。

引っ込み思案の男の子が、大げさなリアクションの女子たちに向かって、照れながらもうれしそうに話している顔がかわいい。（二十年ほど前までは男女が逆だったが……）

聞き手が育てられたら、話し手を育てる。

話し手は、ズバリと要点を話す。だらだらと話さない。相手の意見の良さを加えながら、自分の意見を付け加える。反対意見の時も、いきなり反対としないで、ソフトランディングでいく。

「僕は、ユキちゃんの意見の兵十がごんのしわざだと気づいたところまでは、同じですが、その後が少し違います」（いきなりすみません。四年国語「ごんぎつね」です）というような言葉で、相手を安心させる。

まとめる時は、みんなの良い所を採りながらまとめる。これは難しいので、班の意見が二つに別れたら、無理にまとめず、二つ発表しても良いことにしてある。

「どちらも良い意見だったので、二つ発表します」

などと子ども達は言っている。

つまり、ピカリミーティングは相手の良さに着目できたり、相手を思いやる反応ができたりする、コミュニケーション作りの方法だ。

純粋な議論とはちょっと違う。ピカリミーティングをやりこむと「話す勇気」が出たり、「聞く忍耐」ができる。それは、やがて本物のミーティングにつながっていく。そのための心磨きのトレーニングである。

先日、国連の仕事の手伝いで東京に行ったら、森川先生から面白い話を教わった。フィンランドの五年生が自分達で作った議論のルールだそうだ。

一、他人の発言をさえぎらない
二、話すときはだらだらとしゃべらない
三、話すときは、怒ったり泣いたりしない
四、分からないことがあったら、すぐに質問する
五、話を聞くときは、話している人の目を見る。
六、話を聞くときは、他のことをしない
七、最後まで、きちんと話を聞く
八、議論が台無しになるようなことを言わない
九、どのような意見であっても、間違いと決めつけない
十、議論が終わったら、議論の内容の話はしない

読んで、吹き出してしまった。我が国の国会の光景がちらりと浮かんだからだ。みなさんも国会の光景を思い浮かべながら、もう一度読んでみて欲しい。どうぞ。

そしてその後、自分の職員会議の様子を思い出して、恥ずかしくなった。

僕は、職員会議の時、仕事が間に合わず、密かにパソコンを打っていることがある。五番、六番、七番、完全に失格。

どこの国の子どももえらいなあと思う。

みんな子どもは未熟で、大人が教えてやるものだと思っている。確かにそういう部分はある。でもこの仕事をして、長く子ども達と接してくると、大切なことはみんな子ども達から教わったと気づく。今、自分が教員として持っている力の多くは、僕の頭を飛び越えていった子ども達が教えてくれたものだ。

ピカリミーティングを指導して、子ども達を見ていると、子どもの力を信頼しようとする気持ちが湧いてくる。どうせ子どもなんだから、ではなく、同じ格を持つ人間としての姿が見えてきて楽しい。子ども達は友達をはげましながら、自分の思いを伝えようとする、美しい人間の姿を見せる。

僕の方がよっぽど人として未熟だと思う。

ピカリシリーズ（ピカリシャワー、ピカリノート、ピカリミーティング）は、結論をまとめたり、結果をはっきり出すことが目的ではない。

結果としてクラスの学力テストは全国平均を大きく上回るし、不登校はいなくなる。でもそれが目的ではない。

その互いに共有した時間を使って、人とコミュニケーションをとる喜びを感じたり、集団に所属している一体感を感じるものとしてデザインされたものだ。様々なセラピーで個人の心の青空を取りもどしながら、その人が所属する家庭や学校や職場……そんな集団全体の青空を取りもどすものが必要だと思って。

「世界全体が幸せにならないうちは、個人の幸福はあり得ない」

と童話作家の宮沢賢治さんは書いた。

きっとそうだと思う。教え子たちには、自分のことだけでなく、周りの人の幸せを願ったり、一緒に悲しんだりしてくれる豊かな人生を歩いて欲しい。ピカリシャワーでうれしくて泣いている子を見ながら、もらい泣きしている子や、算数のピカリミーティングで、分からない子が分かって、自分のことのように喜んでいる子を見ると、宮沢賢治さんが目指した世界はすぐそこにあるような気がする。

スイッチャー

四月始めの職員会議は、めちゃくちゃ疲れる。

その年によっても違うけど、とても厳しいやりとりになることが多い。

それは、不安が支配している会議だから。

一年間の自分の学年やクラスが決まる不安。学校を動かす校務の分担（校務分掌という）が決まる不安。新しくきた先生は、どんな人なんだろう。出て行った力のあった先生の抜けた穴を埋められるのか。

様々な思惑や不安でいっぱいだ。

事前に管理職や学年主任たちで企画委員会が開かれ、案は練られているのだが、新しく来た先生はそこに入っていない。

職員会議では、当然雰囲気が変わる。

いつも感心するのは、先生達はたいてい、自分の手の届く限り手を伸ばそうとする、今年の自分にできるかなあと、思いつつも、その限界と思われるところまで「自分が」と手を挙げてくれる。しかし、学校は全員が手を伸ばしても、届かないほど仕事が多い。

気のいい若い先生が重たい分掌を引き受ける。それを見たベテランの学年主任が、「それは、いくら何でも大変すぎるよ」とかばい、他に持って行こうとする。

ちょうど良いと思われる新しく来た中堅の先生にその分掌がいきそうになる。しかし、その先生にはその仕事がどうしても引き受けられない家庭的な事情があり、それを知っている先生は数名で、その事情を今みんなに話すわけにはいかない。

そこで、苦しい説明をつけて、その案をひっくり返そうとする。

納得がいかないベテランの先生、事情を話すくらいなら引き受ける覚悟をしなくてはならないか、と思い始める中堅の先生、そんなことはさせられないと思う数名の先生。

しーんとしたまま、職員室の緊張はマックスになる。

その時、

「ハイ！」

と手をあげた若い女の先生。

みんなが一斉に期待の目で見る。

彼女が真剣な面持ちで言う。

「あのう〜。日直なんですけど、お昼の注文されてない先生、もう時間なんですけど〜」

「はあ？」

どっと起こる笑い声。

「ねえ。それ今のタイミング？」

「あ〜。力抜けた」

「○○先生だよなあ〜」

司会の教頭先生が笑いながら、

「ちょっと、休憩にしましょう」

彼女の一言で場の流れが変わった。

こういう人を「生き心地の良い町」の岡先生はスイッチャー（流れを変える人）と名付けた。岡先生は電車の中で観察した四人の女子高生の例を挙げている。

彼女たちは、そこにいない一人のクラスメートのことを話題にしていた。その子は彼氏ができたばかりで、浮かれていて、毎日そのことを絵文字たっぷりの文章で綴っているらしい。それが彼女たちには許せない。

「ばーか」

「うざい」

「いらつく」

「吐きそう」

「シカトしようぜ」

どんどんエスカレートする中、一人の女の子がいった。

「ある意味、うらやましいなあ」

きょとんとする三人。

「だって、あたし、いろいろな絵文字作る技ないし、カレシいないし」

これを聞いた三人は、

「えっ、そこ?」

と叫んで笑い転げ、岡先生も吹き出しそうになったとのこと。そして、その子たちの話題は他へ移っていった。

このスイッチャーのおかげで、くだんの彼女は、言葉の刃から逃れることができた、と岡先生は書いている。

「異質なものをはじかない」集団にスイッチャーは現れ、集団が思い詰め、深刻な状況に突き進んでしまうのを防ぐ。


子ども達みんながスイッチャーになることもある。

林間学校の指導が始まり、子ども達を体育館に集めた。

始めての宿泊学習を無事成功させ、子ども達に最高の経験をさせてやりたいと意気込む僕の目から見て、この日の彼らの態度は、許せないほど緩慢だった。

A山登りの並び、B集いの並び、C野外炊飯の並び、と素早く出来なければ、楽しい活動時間が減り、危険も増える。

「しっかりしなさい。君たちが主役でしょ。自分でそう言ったじゃないか。ちっとも出来ていないよ。もう一度やり直し。

Aで並んで。十秒以内です。よーいスタート」

ガチガチに緊張した子ども達が必死でドタバタと移動する。

出来ていない。二十秒以上かかっている。

厳しい口調で言う。

「周りの友達を覚えなさい！

後ろ、誰がいる?」

「Aちゃん」「Bくん」「Cくん」「Dちゃん」……

子ども達が口々に言う。

「そうだ。覚えたね。

じゃ、右は?」

「Eくん」「Fさん」「Gさん」……

子ども達はまた、口々に言う。

厳しい顔のまま、僕は
「よーし。じゃ、前は誰がいる?」

すると、こども達は真面目な顔で一斉に、

「加藤先生!」

ブッ! 僕は、思わず吹き出した。

周りで聞いていた学年の先生たちも笑いころげている。

(い、いや、先生が言いたかったのはそういう意味じゃなくてさ……)

一生懸命そんなことを言っている子ども達がかわいくて、とてもじゃないが厳しい顔ができなくなった。笑顔で言った。

「確かに、加藤先生だよね。

林間学校っていうのはね、自分一人が楽しいのではだめなんだ。ここにいる五年生の仲間全員が楽しいと思えて、成功なんだよ
そのためには、次の行動を考えて、さっと動く。そして、出来た時間で困っている仲間を助けて欲しい。

　みんなが笑顔になるように頑張ろうよ」

「ハイ！」

体育館に気持ちの良い返事がこだまする。

「じゃ、最後の一回だよ。

　みんなならできるよ。

　よーい、スタート！」

子ども達は、サッと並び替え、見事に整列した。

「八秒。

　すばらしい！

　今日の学年集会はこれでおわりです。

　よく頑張った！」

(この方がお互いずっと気持ちいいなあ)

そう思いながら、指導を終えた。

スイッチャーは一生懸命真面目に、違う方向に進む。意図的に笑いを狙っているわけではない。自然なのだ。だから、スイッチャーを作ることはできない。異質なものをはじかない、いろんな人がいた方がいい。その大らかな考えの集団にスイッチャーは存在することができるだけだ。

もし、太平洋戦争開戦を決める会議の中にスイッチャーが紛れていたら、あんな戦争は起こらなかったかも知れない。

もし、いじめをしている子どもの集団の中にスイッチャーが紛れていたら、あんな悲劇は起こらなかったかも知れない。

金子みすずさんの詩の中の「みんなちがってみんないい」は人が平和に幸せに生きる大切なキーワードだと思う。

スイッチャーにはなれなくても「スイッチャーもどき」には誰もがなれる。

前述の女の先生の見事なスイッチャーぶりを見てから、僕は会議で意識するようになった。

会議の空気が怪しくなったら、手を挙げて、

「すみません。ちょっと休憩をとりませんか」

などと声をかけて、流れを変えることを時々するようになった。

こんなことぐらいなら僕にもできる。

そして、いつも自分に言い聞かせている。

「異質なものをはじかない。そして、できることなら、それを面白がろう」

できる日もあり、できない日もあり。だけど人間としてすごく大切なことだと思っている。

エピローグ

「何も見えない。真っ白だ。」

僕は、そうつぶやいた。その声は、自分の声には思えず、どこか他人事のように聞こえた。

「うわーっ」

今度は、明らかに自分の声だった。飛行機がエレベーターのように、急降下した。

(大丈夫なのか。これ。)

「わっ」

機体が二度三度と、ストンと下がる。急に上がる。

小さな機内は騒然となっている。英語とポルトガル語でアナウンスが入る。

ブラジルのアマゾン河の滞在を終え、パラグアイ国境沿いの町に向かう飛行機の中だった。

どんよりとグレーの雲が広がる雨の中、定刻よりだいぶ遅れて出発した飛行機は、離陸してすぐ、雲の中に入った。

叩きつけてくる大粒の雨に押されて、地上に押し返されるような感触があった。飛行機が重そうに、苦労して頑張っているのが分かった。

心の中に不安が広がる。

(ほんとに大丈夫なのか。もしものことがあったら、親父とおふくろはどうするだろう。)

そんな想像までふくらんで、僕は小さな覚悟をした。

その時、ふわっと機体が軽くなり、目を細めるほどの光が差し込んできた。

飛行機が雲を突き抜け、その上に出たのだ。

青空。本当の青空。

さっきまでの不安は、ものの見事に消え去って、青、青、青……。

二十五才でアマゾン河を一人で旅した時の出来事だった。僕は、あの時の青空を今も忘れてはいない。

苦しい時、よく思い出した。

(この雲を抜けたら、きっとまたあの青空に出会える)

そう思って頑張った。それは僕にとっては信仰に近いような感情になっていった。

昭和の巨人、野口晴哉先生が言っていた。

「赤ん坊はまったく曇りのない心で生まれてくる。自分は大泥棒になってやる、強盗になってやる、と思って生まれてくる赤ん坊は一人もいない。その曇りのない心のことを天心と呼ぶ」

人間は、他の野生動物と比べると、かなり未成熟な状態で生まれてくる。シカの赤ちゃんだったら、生まれて十五分ほどで歩きはじめる。タコの赤ちゃんは、孵化してすぐに自分でエサをとりはじめる。

一方人間はというと、歩くなんて無理、自分でご飯を食べるなんてとんでもない。ただ泣くだけで何もできない状態だ。

しかし、それは実は結構、素敵なことでもある。

何もできないで生まれてくるというのは、自分が生まれた時、そこにお母さんとかお父さんとか、自分を慈しみ育ててくれる親が必ずいると「信じて」生まれてくる、ということだからだ。

その心が、野口先生のいう「天心」なのだと思う。

なにせ、その予想が外れれば、命を落としてしまうのだから。

命がけで親を信じて生まれてくる赤ちゃんの心が、青空でないわけがない。くもりのない心。人をいじめるだとか、差別するだとか、そんな事とおよそかけ離れた一点のくもりもなく人を信じる心。

それを僕は心の「青空」と呼んでいる。それが、まさにアマゾンで出会った青空なのだ。

その青空は「信じる」ということからできあがっている。

保江先生が授けてくれた活人術だって、百%愛を信じることで使えるようになる。佐藤初女さんのおにぎりだって、食材ではなく心を持った命と信じて作られるからこそ食べた人の心に奇跡をおこす。信じるという行為が、人の心に青空をもたらすことは間違いがない。ただ、信じるものは世の中にたくさんある。愛、金、人、恐怖、友情……その中のどれを信じるかによって人生は大きく変わる。何を信じるかということが、その人の生き方のセンスとなる。

海部町の人達の人を信じる気持ちが他の地区と比べ、抜群に高いのは偶然ではない。そこに生き心地の良い空間を作る大きなカギがある。

だから、「人を信じる」を教えることは、子ども達を生き心地の良い空間へと誘う力となる。しかし、最近の学校ではなかなかそれが難しい。

特別教室には鍵がかかっている。子ども達がそこで問題を起こさないためだ。不審者が出て、教員全員で家まで送っていく。次の日、教室で、知らない人に近づくな、と教える。

子ども達の安全のためには、当然必要なことだ。

学校には預かった子ども達を安全に守る義務がある。

しかし、子ども達に僕らはどんなメッセージを送っているのだろうか、と思うと悲しくなる。それは、「お前たちを信じていないよ。大人を信じるな」というメッセージだ。

子ども達が自分の心にある青空に気づかなくなるのもよく分かる。

大人の言葉を信用しなくなるのも無理はない。

不登校は、人間不信だと前の本に書いた覚えがある。不登校が増えた背景には、こうした社会の変化が間違いなく関係している。

研修主任に頼まれて、「子どもの心を動かす学級経営」いうテーマで同僚に話した時に、そんな話も少しした。そして、安全のためには仕方ないが、自分達が今、子ども達に何を伝えているのかはよく意識していなくてはいけない。そして、その分、他のところで「人は信じるに足るものだ」ということをしっかり教えよう、と伝えた。

そのためのピカリシャワーだったり、ピカリミーティングだったり、青空チェックだったりするのだ。そこで子どもの力を信じることができる。

その数日後、同僚の中堅の先生と話をした。

彼女は、「先日の話に思わず涙が出そうになった」と話した。

彼女は素晴らしい学級経営をする。四月からの子ども達の変容には心底驚いた。

授業の中でも、子ども達が中心になって話し合いが進み、担任は流れをコントロールするだけだ。

それで、実に良い意見が出てくる。

そのコツについて聞いてみた。すると彼女は、

「この子たちならきっとその意見が出る、と信じているんです。そうすると本当に出てくるんです」

と言った。

（なるほどな）と思った。

教員と子どもは微妙な絆でつながっている。お互い、いつも気配を探り合っているようなところがある。信じてやれば、ちゃんと信じるに足る行動を取ってくれる。疑えば、ちゃんとその期待を裏切らず（笑）、疑った通りの行動をとる。

授業で彼女が、必ず答えが出てくると信じているのは、これまでの子どもたちと過ごした時間から、それを体感していたからだと思う。そして、その通りになっている。


今年の四月に、自分の学年の全クラスの子どもに聞いた。

「テストの時、テスト隊形をとって、みんなが離れるのは、何のためだと思う？」

子ども達は一斉に手を挙げた。

その全員が、

「テストの時、カンニングをしないため」

と答えた。

僕は胃の辺りに苦いものが走るのを感じた。

僕たち大人のせいだ。

僕は優しく、ゆっくり話しかけた。

「あのね、違うんだよ。

先生達は、君たちが最初からカンニングするなんて疑っていないよ。

席を離すのは、自分の力を精一杯出し切るためだ。

テストは勉強の試合です。その大事な試合の時、隣の子の鉛筆がカツカツと音をたて答えを書くのが見えて、動揺したり、焦ったり。そんなことであなたの集中力が切れるのを少しでもなくすためです。

あなたたちが、先生や仲間と一緒に精一杯頑張ってきたその力をしっかり出して欲しいから、席を離すテスト隊形があるんです」

きっと、教員の中にもカンニングを防ぐためにテスト隊形があると思っている人がたくさんいる。テスト隊形は、当然、カンニングも防ぐだろうが、どういう思いでその指導をしているのかによって、子ども達の心の育ち方はまるで方向が変わる。

繰り返すが、先ほどの特別教室へのカギかけや不審者対応は子どもの安全のためには仕方ない。だけど、そんな指導をしながらいつの間にか、子ども達に「人を信じるな」と教える教育は、僕が生涯を賭けて選んだ道とは違う。

何が起こっても、「人とは信じるに足る生き物だ」と繰り返し教えたい。

大学生の時、母校の高校へ教育実習に行った。宿題を忘れたのにウソをつく生徒がいて、ほとほと弱った。（なめられているんだなあ）と思った。

そこで、どうやったら生徒のウソを見破れるか、と年配の指導教官に相談した。するとその先生は、にこやかに言った。

「加藤くん、教員は基本的に生徒にだまされてもいいんです。だまされてもただ生徒を信じてやることで、生徒は変わるんです」

(だまされちゃいけない、なめられちゃいけない)そればかり考えていたから、そんな考え方があるなんて、と僕は本当に驚いた。

注意深くみていると、この先生は、本当に生徒達にその言葉の通りに接していた。

そう言えば、僕が高校生の時からそうだった。傍から見ると、ちょっと生徒にバカにされて見える時もあったが、先生はその態度を貫いた。

東京帝国大学(今の東京大学)を卒業して、太平洋戦争で、ニューギニアのジャングルをさまよい、敵の銃弾がいつ飛んでくるか分からない中、病気と飢えの恐怖とも戦った。トンボまで食べたと日本史の授業の中で、ぼそっと言っていたことがある。

人のせいで作り出された地獄のような世界の中で「だまされてもいい。人を信じ抜くこと」を信条として生き抜いてきた彼の強さは一体どこから生まれてきたのだろう。

今思えば、あの先生も僕に心の青空を教えてくれていたんだなあと思う。

教員と生徒の関係だけでなく、家族でも、会社でも同じことだ。

一点のくもりもなく何かを信じ抜くこと。ウソが飛び交う現代の社会では絵空事に聞こえるかも知れない。でもそれは新たに作り出すものではなく、もともと生まれた時からあったものをもう一度とりもどす挑戦だ。

できるはずだ。

その時はきっと、僕たちの心の中には、あの美しい青空が広がっている。

トリセツみたいなあとがき

最後まで読んでいただいて、本当にありがとうございました。

本書を書くに当たって、もっとも苦心したのは、相談者の個人情報を守りながら、密室の中のセラピーの雰囲気を伝えることでした。相談者については、個人が特定できないよう、彼らを守るために加工してあります。読んで下さる皆さんが心揺さぶられ、関心を持って下さったり、驚かれたり、感動されたりする事例はたくさんあります。

しかし、衝撃的であればあるほど、相談者にとっては、個人が特定される危険が増します。それを書いて良いものかどうか、どちらを優先するかを考えたとき、自分を信じて相談に来てくれている方々に迷惑がかからないほうを選びました。

カタカナの名前は仮名ですが、本人や家族の希望により、実名になっていることもあります。本人が希望しても僕が危険と判断した時は仮名になっています。

いずれにしても、本に登場していただいた方々に何かしらのご迷惑がかかればそれはすべての責任は僕にあります。登場して下さった方々が生き生きと活躍してくれたおかげで、この本は書き上がりました。本当にありがとうございます。

セラピーに参加してくれた皆さんは、ともに課題に取り組んできたチームメイトです。カウンセリングやセラピーでは、そういう皆さんを、クライエント、来談者、患者、などと呼んでいます。何というか、もっと温かみがあって、共に課題に取り組んで成長していく仲間のニュアンスの言葉がないものでしょうか。

いろいろ考えたのですが、良いアイディアがありませんでしたので、本書では、単に「相談者」としました。もし、良い言葉があったら教えてください。

そして、辻さんをはじめ、海鳴社の方々には、足をむけて寝られません。締め切りから、なんと二年も過ぎています。その間、季節が変わるごとにメールをくれ、ほんわかする時候のあいさつに続き、時には優しく、時には厳しく、原稿の催促をしてくれなかったら、怠け者の僕は、きっとまだ、三ページしか書いていないと思います。あの諦めない編集者魂のおかげでこの本は書き上がりました。本当にありがとうございます。

保江先生や森川先生には、本当にお世話になりました。自分ではとても解決できない、さまざまなアドバイスや協力を頂きました。心から感謝しています。

支えてくれた家族、友人たちにも心から感謝しています。たくさんの励ましの言葉をありがとう。

あなたたちがいてくれたおかげでどれだけ苦手なパソコンに向かう勇気が出たかわかりません。

トリセツ（取り扱い説明書）みたいなあとがきになってしまいました。


さて、最後にちょっとお伝えしたいことがあります。


中学生の時、林間学校で榛名湖に泊まりました。

神経質で気の小さかった僕はなかなか眠れませんでした。翌日は、湖でボートをこぐ訓練があります。（早く寝ないと）と思えば思うほど、眠れなくなりました。

その時、同室の男の子が声をかけてきました。

「ちゃおちゃん、（僕のニックネームです）大丈夫だよ。

　目を閉じて、力を抜いていれば、体は寝ているのと一緒だから。疲れがとれるよ。眠れなくても大丈夫！」

ジュイッチャンでした。

ジュイッチャンは、妙に分別くさくて、子ども子どもした僕とは全然違うタイプでした。まだ中学生なのにすでにできあがっている感じで、我慢強く、先生以上に落ち着きがありました。

陸上大会の練習中に走り高跳びで着地がくずれ、ジュイッチャンは腕から落ちました。

「ボキッ」と嫌な音がして、みんなが騒然となった時、一人起き上がり、自分の腕をつかみ、「あれ、折れたかな」と平然と言いました。

僕だったら、泣きわめいています。

そんなジュイッチャンが、「ちゃおちゃん、大丈夫！」というのだから、絶対大丈夫だ、僕はそう思った瞬間、安心して眠りに落ちました。

教員になってから僕は、臨海学校など宿泊学習でなかなか寝つけない子がいると、「目を閉じて、力を抜いていれば、体は寝ているのと同じだから大丈夫だよ」と子ども達に声をかけるようになりました。

ジュイッチャンのおかげです。


長い年月がたって、今年、近くの中学の教頭先生が突然病気で亡くなりました。それが、ジュイッチャンでした。

仕事と病気の関係は僕には、よく分かりません。でも、大変な忙しさで、朝五時には起きて学校に行き、夜十一時に帰宅していました。亡くなる三ヶ月前から、夕食はうどんしか口に入らなくなっていたと聞きました。

本当に真面目で誠実な我慢強い男だったので、例え偶然僕に会ったとしても、何も言わなかったと思います。

今の教員達は本当に忙しいです。授業だけでなく、問題を起こした子への対応、親のクレームへの対応、膨大な行事の準備……。

実は、この本はもう一章ありました。

その一章は、教員たちがどれだけ忙しく、どれだけ頑張っているかを書いたものでした。しかし、どんな書き方をしても誰かを責めるようなことになってしまいました。

怒りが吹き出してきて、（ああ、自分の中にも修羅がいるんだなあ）と思いました。怒りを全面に押し出した文章は、今の自分の本意ではありません。

教育委員会にいる友人は、少しでも先生達の仕事が減るように、与えられた権限の中で必死に取り組んでくれています。

ジュイッチャンの学校の同僚が書いた「感謝状」というのを彼の仏前で読みました。愛と悲しみに溢れた素晴らしいものでした。ジュイッチャンが学校のみんなに慕われていたのがよく分かりました。

そのことを考えると、この一章は今は書けない、また改めて、と思いました。

誰のせいなのか責任を厳しく追究する。そんな空気がこの国に流れ始めたころから、この国は何だかおかしくなりました。

誰のせいなのかではなく、みんながそれぞれ自分の持ち場でいっせいに変えていかなくてはいけない、きっとそういう性質のものもあると思います。

同級生のジュイッチャンの死を目の当たりにした時、僕は弔い合戦をしようと思いました。彼の仇を討ってやりたいと思いました。ずっと書けなかったこの本が今年になって、突然進み始めたのは、保江先生の励ましと、ジュイッチャンのことがあったからでした。

僕の戦い方はセラピストとしての戦い方です。

もし、ジュイッチャンのように仕事で忙しくて、だけど弱音がはけない誰かがこの本を手にした時、あるいは、人間関係で悩んでいて、つらくてどうしようもない人がこの本を手にした時、心の中に癒しの風が吹いてくれたらいい、生き心地の良い空間を作り出せたらいい、そう思いました。

この本が、その力を天から授けられたかどうかはわかりません。でも、そのつもりで書きました。

定年退職まであと数年。退職したら、中学の同級生で教員になったチクチュウやヨウちゃんたちと一杯やりたいです。教え子たちの未来や、ろくでもなかった中学時代の懐かしい話がしたいです。

その時はジュイッチャン、君の杯も用意するからな。一緒に一杯やろうね。

著　者：加藤　久雄（かとう　ひさお）
1961 年　群馬県生まれ
同志社大学文学部社会学科社会学専攻
高崎市立東部小学校勤務
樹木・環境ネットワーク協会会員／日本樹木保護協会認定樹医２級／グリーンセイバー・マスター／TFT 上級セラピスト
著書『どんぐり亭物語』(2010 年　海鳴社),『65 点の君が好き』(2015 年、風雲舎)

＊＊＊＊＊バウンダリー叢書＊＊＊＊＊
心の青空のとりもどし方
2017 年 12 月 15 日　第 1 刷発行

発行所　㈱海鳴社　http://www.kaimeisha.com/
〒 101-0065　東京都千代田区西神田２－４－６
E メール：kaimei@d8.dion.ne.jp
Tel.：03-3262-1967　Fax：03-3234-3643

発 行 人：辻　信　行
組　　版：海　鳴　社
印刷・製本：モリモト印刷

出版社コード：1097
ISBN 978-4-87525-337-2

＊＊＊＊＊＊＊＊＊＊＊＊＊バウンダリー叢書＊＊＊＊＊＊＊＊＊＊＊

エッシャーの絵から結晶構造へ（増補版）
福田宏・中村義作／好評のモナドブックス①の増補版。 エッシャーの絵を糸口に、家紋における対称図形を調べ上げ、繰り返し模様の本質に迫る。話題のフラクタルとパータイリングにも言及する。 1,200円

どんぐり亭物語 ――子ども達への感謝と希望の日々――
加藤久雄／問題行動を起こす子はクラスの宝――その子たちを核にして温かいクラス作りに成功！ 不登校児へのカウンセリング等で、登校復帰率８割に達するという。 1600円

ユング心理学から見た 子どもの深層
秋山さと子／子どもに特有な世界の表現を身につけて、実際に子どもたちと一つの世界を共有し、理解しあった人たちの体験的な話を集めた本である。 1400円

内なる異性 ――アニムスとアニマ――
E.ユング著、笠原嘉・吉本千鶴子訳／男女とは外面的人格を指す。反対の性の人格要素が、 内面的人格としてわれわれの内に潜む。アニマとは男性の内なる女性、アニムスとは女性の内なる男性である。 1,200円

合気解明 ――フォースを追い求めた空手家の記録――
炭粉良三／合気に否定的だった一人の空手家が、その後、合気の実在を身をもって知ることになる。不可思議な合気の現象を空手家の視点から解き明かした意欲作！ 1400円

英語で表現する大学生活 ――入学から卒論まで――
盛 香織／入学式に始まり、履修科目の選択、サークル活動や大学祭や飲み会など大学のイベントを英語でどう表現するか。英語のレベルアップに。 1400円

永久に生きるとは
――シュメール語のことわざを通して見る人間社会――
室井和男／我々は、進歩したのであろうか。人と人の関係、家族、男女の問題、そして戦争などの格言を読むと、この四千年は何だったのか。バビロニア数学の研究者による労作。 1400円

＊＊＊＊＊＊＊＊＊＊＊＊＊＊＊＊＊＊＊＊＊＊＊＊＊＊＊（本体価格）